Lavendel
Der Duft des Südens

Lavendel
Der Duft des Südens

Anne Simonet-Avril

Fotos von Sophie Boussahba

Die französische Originalausgabe erschien unter dem Titel „Lavande – la lavande aux champs, aux jardins dans la maison et dans l'assiette" bei Kubik Éditions, Paris 2005.
© Archipel Studio 2005.

Gesamtkonzeption: Jean-Jacques Brisebarre
Gestaltung: Thomas Brisebarre
Satz: Emmanuelle Delebecque

© für die deutsche Ausgabe:
Walter Hädecke Verlag, Weil der Stadt, 2005.
Übersetzt aus dem Französischen von Edith Waldmüller.
Redaktion der deutschen Ausgabe: Monika Graff.

Alle Rechte vorbehalten, insbesondere die Übertragung durch Bild- und Tonträger, des Vortrags, der fotomechanischen Wiedergabe, der Speicherung und Verbreitung in Datensystemen und der Fotokopie. Nachdruck, auch auszugsweise, nur mit Genehmigung des Verlags.

ISBN 978-3-7750-0438-1
Printed in Asia

5 4 3 2 | 2011 2010 2009 2008

Frontispiz: Lavandin zu Beginn der Blütezeit Ende Juni, die blaue Farbe bricht gerade hervor.

Oben: Lavendelfeld und typisch provenzalische Steinhütte (*Borie*) im Lure-Gebirge.

Gegenüber: Die Biene labt sich am blühenden Lavendel.

Inhalt

7   Duft und Farbe der Provence

13   Im Reich des Lavendels
15   Das blaue Gold der Provence
27   Lavendellandschaften
49   Die duftende Seele des Lavendels

61   Lavendel im Garten
63   Ein Ausflug in die Botanik
73   Lavendelgärten

85   Lavendel im Haus
87   Buketts und Duftsäckchen
93   Lavendel in der Küche
119   Heilmittel gestern und heute
129   Schönheitsgeheimnisse des Lavendels

139   Adressen

Duft und Farbe der Provence

Linke Seite: Getrockneter Lavendel wird zur Zimmerdekoration zu Sträußen gebunden.

Unten: ein Etikett für Eau de Toilette mit Lavendelduft zu Beginn des 20. Jahrhunderts, Art nouveau und Art déco.
(Sammlung Lucien Vakanas)

„Oh, wie bin ich glücklich, nicht zu den unzähligen Blüten zu gehören, die einfache Gartenbeete schmücken. Ich laufe nicht Gefahr, in gewöhnliche Hände zu fallen, an einem Ort bedeutungsloser Unterhaltung zu enden. Anders als es meine Pflanzenschwestern gewöhnt sind, lässt mich die Natur fern von Bächen wachsen. Ich verabscheue bearbeitete Erde und kultiviertes Land. Ich bin wild. Fern der Gesellschaft ist meine Heimat die Wildnis und die Einsamkeit, denn ich möchte mich nie und nimmer unters Volk mischen! Da mich niemand aussät und mich niemand anbaut, bin ich keinem zu Dank verpflichtet. Frei ... ich bin frei."

Schon in den Märchen aus Tausendundeiner Nacht wird der Lavendel mit diesen Zeilen gefeiert. Die schöne blaue Pflanze gedieh einst vor Blicken geschützt und abseits von Pflanzungen unter den brennenden Strahlen der Sommersonne. Sie wurde von den Schafen verschmäht, aber als Allheilmittel von den Schäfern geschätzt, die damit ihre Hirtentaschen füllten.

Auf den Kämmen und Hügeln der provenzalischen Berge wuchs die Wildpflanze im Einklang mit ihren vier Lieblingstieren: dem Esel, der mit dem Destillationsapparat zur Gewinnung ihres Öls, dem Alambic, beladen war; dem Rebhuhn, das seine Brut im Schatten ihrer Büsche in Schutz brachte; der Biene, die auf ihren Staubgefäßen den farbigen Pollen fand, der den Honig aromatisierte, und dem Feldhasen, der sich vor den Jägern in Sicherheit brachte, indem er sich hinter ihren hohen, sich im Mistral sanft wiegenden Stängeln versteckte.

Der sowohl blumige als auch herbe Duft ihrer Blüten verführte die Parfumhersteller von Grasse. Sie betrieben als Erste Lavendelanbau und holten die Pflanze von den windigen Bergkämmen in erreichbarere Hochebenen. Von dort vermehrte sie sich, wurde angebaut und bedeckte bald die trockenen Weiten mit einem leuchtenden Blau, das sich mit dem wellenförmigen Relief einzelner Hügel verband, die dem

Dichter Jean Giono als Kulisse für seine Romane dienten. Das „blaue Gold" linderte die Not der Bauern, deren magere Roggen- oder Dinkelernten sie bisher in bitterer Armut hielten.

Eine junge Entdeckung

Die unvergleichliche Schönheit der Lavendellandschaft blieb von der Allgemeinheit lange Zeit unbeachtet und fand auch vonseiten der Künstler keine Würdigung. Mit einem kurzen Text pries Giono als einer der Ersten die Bedeutung dieser Pflanze: „Der Lavendel ist die Seele der Haute-Provence. Ob man sich nun von der Drôme her, dem Dauphiné oder vom Var her nähert, dieser Boden bietet seine einsamen Weiten dar, die violett überzogen und voller Duft sind…"

Früher strömten die Besucher Südfrankreichs bis an die Côte d'Azur mit ihren paradiesischen Gärten aus Orangen- und Zitronenbäumen, die von Palmen und Oleander umsäumt waren. Aber die überlaufenen Strände und die Verstädterung der Küsten trieben die Naturliebhaber nach und nach in die Haute-Provence, in das noch unbekannte Landesinnere, wo unendlich weite blau gefärbte Felder die Reisenden mit ihren Blüten und ihrem Duft begleiteten. Ende des 20. Jahrhunderts wurde der Lavendel zum duftenden Symbol der Provence. Dann begann die moderne Welt, sich diese Bergpflanze nach und nach zunutze zu machen.

Die Parfumhersteller verwendeten sie als Bestandteil der Komposition für Eau de Cologne und einer Vielzahl anderer Duftwässer und stellten sie damit in eine Reihe mit Rose und Lilie.

Kein Geringerer als Kaiser Napoleon Bonaparte trug zum Triumphzug des Lavendels bei. Er wusch und parfümierte sich täglich mit einem der allerersten Eau de Cologne, das Lavendel enthielt.

Der Lavendel erobert die Welt

Schon viel früher hatte der Lavendel seine Natur als wilder Strauch eingebüßt und war bereit gewesen, sich in die Gärten unserer Häuser einschließen zu lassen – ohne dabei seine Seele zu verlieren. Nur wenige Lavendelpflanzen genügen, um ein kleines Stück Erde in der Provence, Italien, Spanien, England oder Deutschland in ein farbenfrohes und duftendes Paradies zu verwandeln. Die englischen Gärtner haben die Pflanze gekreuzt, vermehrt, veredelt, einige Lavendelarten frostbeständig gemacht und anderen wiederum sehr große Blütenblätter angezüchtet.

Heute wird Lavendel in aller Welt kultiviert. Aufgrund seines wertvollen ätherischen Öls baut man ihn in der Provence, im italienischen Piemont, in Spanien, Bulgarien, auf der Krim und seit kurzem sogar in China an,

Zu Beginn des 20. Jahrhunderts banden Kinder frische Lavendelsträuße auf Londons Straßen und verkauften sie an Passanten.

Duft und Farbe der Provence

wegen seiner Schönheit und des Duftes wird er in vielen Gärten Europas, in den USA, Australien und Japan angepflanzt. Trotz dieses weltweiten Verbreitungsgebietes genießt nur der Lavendel der Provence die Gunst der großen Parfumhersteller. In der Welt der Parfums und der Kosmetik, die sich fast ausschließlich synthetischer Stoffe bedient, steht der natürliche Duft des Lavendels für Ursprünglichkeit.

Lavendel ist ein Verbündeter unserer Gesundheit und Schönheit. Er kann zur Behandlung kleiner Wunden benutzt werden und auch als Mittel für

Lavendel

Links: die Partitur von „Lavender's Blue", ein Ausschnitt aus „The Baby Opera" von Walter Crane, 1845. Der Lavendel war wesentlicher Bestandteil der angelsächsischen Kulturlandschaft.

Rechts: Werbung für ein Eau de Cologne zu Beginn des 20. Jahrhunderts. Zu dieser Zeit dufteten viele Eaux de Cologne nach Lavendel.

Unten: In der Provence hergestelltes Lavendelwasser wurde in einfachen kleinen Fläschchen verkauft.

einen ruhigen Schlaf dienen. Seit einiger Zeit trägt der Lavendel eine ausgefallene Note in kreative Küchen. Gastronomen, Köchinnen oder Chefköche haben die duftenden Blütenkelche in ihre Rezepte aufgenommen, und einige Restaurants bieten sogar Menüs an, die vollständig der kleinen blauen Blüte gewidmet sind. Sie gibt pikanten oder süßen Speisen eine originelle und feine Note, gleichzeitig frisch und sonnig, blumig und herb. Geeistes Melonensüppchen mit Olivenöl und Lavendelblüten, karamellisierte Lavendelblüten oder Pfirsichkonfitüre mit Lavandin, das alles sind kulinarische Verlockungen, die im Sommer bei Grillengezirpe zum Genuss unter einer Pergola einladen.

Lavendel schmeichelt allen Sinnen, und einige getrocknete Zweige oder einige Blüten schmücken und parfümieren das Haus, getrocknete Blüten in bestickten Leinensäckchen oder als *Fusettes* verbreiten ihren Duft in Schränken und verjagen ungebetene geflügelte Gäste.

In der Provence und anderswo verzaubert der Lavendel Spaziergänge und Sommernächte und ist allgegenwärtig, im Haus, im Garten, in Duftwässern, sogar auf den Tellern, und bleibt für uns eine kostbare und magische Verbindung zur Natur.

Im Reich des Lavendels

Das blaue Gold der Provence

Vorhergehende Doppelseite: Anfang des 20. Jahrhunderts beteiligten sich Frauen und Kinder an der Ernte des wilden Lavendels an den Hängen des Mont Ventoux. (Sammlung Bernard Laget)

Linke Seite: Auf den Hängen der zahlreichen Berge der Haute-Provence wächst der echte Lavendel noch als Wildpflanze.

Unten: Etikett eines Lavendelwassers, Anfang des 20. Jahrhunderts. (Sammlung Lucien Vakanas)

Lange Zeit war der Lavendel nur eine Wildpflanze, ein Teil der Landschaft und von niemandem wirklich beachtet, beinahe ein Unkraut. Vor dem Ende des 19. Jahrhunderts sind schriftliche Überlieferungen eine Rarität, und obwohl die Pflanze bereits einigen Ärzten und Naturforschern bekannt war, begann ihr Siegeszug erst ab dem Jahr 1870.

Noch gegen Ende des 19. Jahrhunderts befand sich der Lebensraum des wilden Lavendels, die Provence und die Berge, erst in 800 Meter Höhe und bedeckte die Berge der Haute-Provence und des Bas-Dauphiné. In dieser Epoche wurden Getreidearten wie Roggen oder Dinkel als unentbehrliche Kulturen betrachtet. Das Pflücken der wilden Lavendelblüten erlaubten die lokalen Behörden erst nach der Getreideernte.

Die Blüten wurden auf allen Hängen der provenzalischen Berge und weiter im Norden bis in das Diois und über die Ausläufer des Vercors gepflückt. Lucienne Roubin, Autorin des Buches *Die Welt der Düfte (Le Monde des odeurs)*, einer sehr interessanten Studie über das Leben in einem Dorf zur Zeit der Lavendelernte, erzählt, wie das Pflücken in den 1880er-Jahren das Leben aller Dorfbewohner bestimmte: „Während der Erntezeit pflückt jeder, mit Ausnahme von Müttern und alten Menschen, Lavendel. Die Industriellen aus Grasse treffen sich mit einigen Dorfbewohnern, die den geernteten Lavendel kaufen und nach Grasse bringen, Vereinbarungen. ... Die Dörfer sind von dem balsamischen Wohlgeruch der Blüten durchtränkt, denn jeden Sommer werden etliche Tonnen Lavendel von den Bergbewohnern auf den steinigen Böden geerntet."

Die jungen Pflücker verkauften ihre Ernte an Lyoneser Chemiker und vor allem an die Familie Gattefollé. Diese Chemikerfamilie versuchte als Erste, Lavendel anzubauen, und interessierte sich für die Güte der Destillation und die Anwendung von ätherischen Ölen.

Im Reich des Lavendels

Lavendelernte und Schafzucht

In den Bergen der Provence und den Bergen der südlichen Voralpen gingen die Bauern Ende des 19. Jahrhunderts überwiegend zwei Beschäftigungen nach, die sich gegenseitig ergänzten: der Schafzucht und der Lavendelernte. Die Schafe entfernten auf natürliche Weise das Unkraut und weideten die Pflanzen, die das Wachstum der Lavendelsträucher behinderten, zugleich düngten sie den Boden. Im Frühling wurden die Herden von den jungen Lavendeltrieben fern gehalten und die Blüte und die Erntezeit abgewartet. Auf den Bergen, die in jede Richtung von den Herden abgeweidet wurden, wuchs kein Baum nach, was für die Entwicklung des Lavendels wichtig war, der direkte Sonne liebt und daher die Konkurrenz einer üppigen Vegetation nicht verträgt.

Die Bauern des 19. Jahrhunderts pflückten den Lavendel in ungefähr 1000 Metern Höhe immer nach dem 14. Juli, kurz bevor die Blüten abfielen. Das Pflücken der Blüten war Familiensache. Der Lavendel wurde büschelweise mit der Handsichel geerntet. Blüten und Stängel legte man anschließend in einen Schurz oder großen Sack, der, wenn er einmal gefüllt war, vom

Oben: Den Schafen schmecken die Lavendelpflanzen nicht, sie weiden stattdessen die übrigen Pflanzen ab und tragen so zur Pflege der natürlichen Lavendelgebiete bei.

Rechts: Anfang des 20. Jahrhunderts war die ganze Familie mit dem Pflücken des Lavendels in den hoch gelegenen *baïassières* beschäftigt. (Sammlung Bernard Laget)

Pflücker in den *bourras* geleert wurde. Der *bourras* ist ein grobes Stück Stoff, das aus Hanf oder Baumwolle und Leinen gewebt war und dessen vier Enden man wie zu einem Bündel zusammenknotete, um es zu transportieren. Wenn sich die Erntegebiete in Dorfnähe befanden, verbrachten die Familien dort ihre Tage und stiegen am Abend wieder zu ihren Höfen hinab. War der Abstieg jedoch zu weit, so ließen sie sich in den Bergen nieder und schliefen unter freiem Himmel, in die *bourras* gewickelt.

Ein kleiner, zerlegbarer Destillationsapparat, der Alambic, wurde auf dem Rücken eines Esels oder Maultiers mitgeführt. Während der Erntezeit machten sich die ältesten Pflücker auf die Suche nach einer Quelle oder einem Bach, der das nötige Wasser für die Destillation lieferte, während die Kinder Brennholz sammelten. Der Alambic, den man auf einigen flachen Steinen aufbaute, wurde dem ältesten Familienmitglied anvertraut. Die erste schriftliche Überlieferung, die einen Haus-Alambic erwähnt, der in diesem Fall aus dem Besitz der Ehefrau stammte, findet sich in einem Ehevertrag aus der Region um Forcalquier aus dem 18. Jahrhundert. Es handelt sich dabei womöglich um einen der kleinen Apparate, die unter der Bezeichnung *tête-de maure* bekannt sind und die nur der Destillation von Lavendel dienten, wie die Apparate, die man heute noch im Lavendelmuseum in Coustellet, im Vaucluse, besichtigen kann.

Die Alambics wurden von den Dorfschmieden angefertigt. Ihre Form, die oft unregelmäßig war, wechselte je nach Können des jeweiligen Handwerkers.

Die kürbisförmige Destillierblase aus Kupfer, *la cucurbite* genannt, wurde mit einem Gemisch aus etwa 100 Kilogramm zerkleinerten Blüten und Wasser gefüllt. Ein konischer Hut über der Blase, der mit einem Lehmwulst abgedichtet war, ermöglichte die Konzentration der parfümierten Dämpfe. Auf ihm war ein so genannter Schwanenhals aufgesetzt, der durch eine Rohrschlange verlängert wurde. In diesen feinen Rohren kühlte sich der Dampf wieder ab und kondensierte als Öl. Das Feuer brannte direkt unter der Destillierblase, die zwischen Steinen eingekeilt wurde. Von der Wahl der verfeuerten Hölzer (Kiefer, Steineiche, Wacholder usw.) und von ihrer Größe hing die Intensität der Flamme und damit die Dauer des Destillationsvorgangs ab; das gewonnene Destillat nennt man *passée*.

Geburt einer Industrie

In den ersten Sommertagen zogen die Vertreter der Grasser Parfumhersteller mit ihren Pferdegespannen durch die Berge, um die Ernte, d. h. Blüten und Stängel, bei den Bauern einzusammeln. Später, zu Beginn des 20. Jahrhunderts, wurden die Gespanne von Lastwagen abgelöst. Der

Das blaue Gold der Provence

Oben: ein Alambic auf einem Karren, der von einem Maultier gezogen wird, in den Hautes-Alpes zu Beginn des 20. Jahrhunderts.
(Sammlung Bernard Laget)

Links: die Destillation inmitten der ursprünglichen Lavendelgebiete mittels kleiner Kupfer-Alambics, den so genannten *têtes-de-maure*.
(Sammlung Bernard Laget)

Rechts: In der Gegend von Grasse wurde Eau de Toilette auf der Basis von Lavendel in kleinen Flakons aus Porzellan aufbewahrt.
(Musée des Arômes, Saint-Rémy-de-Provence)

Im Reich des Lavendels

Alte Alambics im Museum von Coustellet im Lubéron. Links: ein großer kupferner Alambic mit einer sehr schönen Kühlspirale.

Gegenüber: ein mobiler kleiner Alambic.

Unten: *les estagnons*, die Kanister, in denen das ätherische Öl des Lavendels gesammelt wurde, waren aus Zink oder aus Kupfer.

Rechte Seite: Jeder Alambic trägt stolz den Namen seines Herstellers und die Preise, die er im Laufe der Jahre erhalten hat.

Zeitgewinn war enorm, zumal die Waagemeister der Brennereien ihre Arbeit direkt auf den Lastwagen verrichten konnten.

Während der ersten Sommerhälfte ging es in den Bergen zu wie in einem Bienenstock. In alle Richtungen waren Lavendelpflücker unterwegs, von denen die schnellsten fast 100 Kilogramm Blüten an einem einzigen Tag pflücken konnten. Die Konkurrenz unter den Parfumherstellern war groß, wenn es darum ging, den Pflückern die besten Ernten abzukaufen.

1910 ließ sich ein deutscher Industrieller namens Schimmel in der Nähe der Anlagen der Grasser Parfumhersteller nieder. Inmitten eines Erntegebietes, in Barrême, in den Alpen der Haute-Provence, ließ er seine erste Destillerie errichten, der bald darauf eine zweite Anlage auf der Hochebene von Sault folgte. Einige Bergbauern destillierten jedoch weiterhin ihre eigene Ernte mit den handgefertigten Alambics. Diese Apparate wurden allmählich mit größerem Fassungsvermögen hergestellt und konnten schließlich mehr als 150 Kilogramm Lavendelblüten in ihrer Brennblase verarbeiten. Der Startschuss für die Lavendelindustrie war gefallen und mit ihr die besondere Wertschätzung der ätherischen Öle des provenzalischen Lavendels. Die Händler kamen nun erst nach der Destillation der Ernte und kauften nicht länger Lavendelblüten, sondern das bereits destillierte Öl. Die erfahrenen Händler besaßen ein profundes Wissen über den Lavendel. Sie kannten die besten Stellen des wilden Lavendels – die guten *baïassières*, wie die Provenzalen sagen, wobei *baïasse* das Lavendelbüschel

bezeichnet. Käufer mit einer guten Nase lernten so, die verschiedenen *passées*, die Öle aus guten Erntelagen und weniger guten, zu unterscheiden und den Duft von Blüten zu erkennen, die an sonnigen Südhängen geerntet wurden. Dieser ist feiner als der des an Nordhängen geernteten Lavendels. Auf den Kanistern, in denen das ätherische Lavendelöl abgefüllt war, den *estagnons*, war der Name des Herstellers und der Herstellungsort verzeichnet. Das Gemisch von Lavendelölen unterschiedlicher Herkunft, das man heute wie in der Weinherstellung als *assemblage* (Zusammenstellung) bezeichnet, nannte man damals *communelle*.

Der Lavendel verlässt die Bergregion

Zu Beginn des 20. Jahrhunderts hatte sich die Lavendelernte zu einem einträglichen Geschäft entwickelt. Der Provenzale sagte damals, dass eine gute *baïassière*, eine gute Lavendelstelle, mehr Wert sei als ein Getreidefeld. Aber das Pflücken an steinigen Hängen war harte Arbeit, und Männer,

Im Reich des Lavendels

ja selbst Kindern, bewältigten sie nur mit großen Anstrengungen. Die *bourras*, von denen jeder zwischen 60 und 80 Kilogramm wiegen konnte, einzusammeln und an den Wegrand zu legen, von wo sie dann in den Wagen geladen wurden, war Schwerstarbeit. Selbst wenn man eine Hacke mitnahm, um die Erde zu lockern und Unkraut zu jäten, richtige Feldarbeit war an den steilen Berghängen unmöglich.

Deshalb verwaisten die Lavendelgebiete ab Beginn des 20. Jahrhunderts auf den hoch gelegenen Hängen, und man begann ihn in Dorfnähe anzubauen, auf Feldern in den charakteristischen geraden Reihen. Findige Gärtner versuchten, den Lavendel durch das Pflanzen von Stecklingen und Samen in tieferen Lagen anzusiedeln … mit Erfolg!

Nach und nach verdrängte der kultivierte Anbau das Pflücken des wilden Lavendels, und in der provenzalischen Landschaft des 20. Jahrhunderts bleiben nur besonders schwere Böden von diesem Anbau verschont. Dort pflanzte man Gemüse an. Dies war die „blaue Epoche" der Provence, aber die enorm gestiegenen Ernteerträge lösten jedes Mal einen Wettlauf mit der Zeit aus. Die empfindlichen Blüten mussten schnell zu den Alambics gebracht und sofort destilliert werden. Diese kurze Zeitspanne entschied über Gewinn oder Verlust des Bauern. Um diese neue Blütenflut verarbeiten zu können, wurden die Destillationsverfahren weiterentwickelt. Die Destillationsanlagen erhielten feste Standorte und standen geschützt in großen Schuppen, die Alambics wurden größer.

Man entwickelte eine neue Technik, nämlich die Wasserdampfdestillation, dank deren die Blüten nicht mehr im Wasser schwimmen und bei der die getrockneten Lavendelhalme erhalten bleiben, die wiederum als Brennstoff verwendet werden.

Gegenüber: Frauen beim Lavendelpflücken in England um 1950.
(Seal Farm, Sevenoaks, Kent)

Rechte Seite: blau blühende Rispen des echten Lavendels, der wegen seiner Farbe selektioniert wurde.

Ab 1970 ließ die maschinelle Ernte den Anbau auf kleinen Landstücken und steileren Hängen nicht mehr lukrativ erscheinen. Plateaus zwischen 700 und 1000 Metern Höhe, wie in Sault oder Valensole, waren nun von endlosen Lavendelreihen bedeckt. Die Landschaft veränderte sich. In den Höhen wurde der wilde Berglavendel immer stärker vernachlässigt, Menschen durchstreiften die Berghänge immer seltener, und auch Schafe sah man hier immer weniger. Ginster, Sträucher, schließlich auch Kiefern eroberten diesen verlassenen Raum und zwangen den wilden Lavendel, der viel Sonne braucht, zum Rückzug. Die provenzalischen Hochwiesen, die früher im Laufe des Jahres in allen Blautönen leuchteten, färbten sich allmählich grün.

Die parallelen Furchen eines Lavendelfeldes im Halbkreis. Die Blüte erreicht ihren Höhepunkt Anfang Juli.

Der Lavandin

Soweit sich die Provenzalen zurückerinnern können, war der Lavandin – eine natürliche Hybride des wilden Lavendels aus den Hochlagen und des Speiklavendels aus den Niederungen – schon immer in mittleren Höhen zu finden, dort, wo die beiden Lavendelarten aufeinander treffen. Die Sträucher des Lavandins sind robuster als die des wilden Lavendels, aber sein weniger feines Öl wurde von den Parfumherstellern nicht besonders geschätzt. Niemand machte sich also die Mühe, seine Blüten zu ernten. So war es zumindest bis zur Erfindung der Waschmaschine in den USA!
In den 1930er-Jahren nämlich suchten die Waschmittelhersteller nach einem Mittel, das übel riechende Pulver, das allmählich die Seife der Wäscherinnen ersetzte, zu parfümieren.
Es wurden Studien bei den Brennereien und Parfumherstellern von Grasse in Auftrag gegeben, und die ätherischen Öle des wilden Lavendels und des Speiklavendels erwiesen sich als geeignet. Aber die mageren Ernten dieser beiden Arten hätten den amerikanischen Markt nicht sättigen können. Ein Händler aus Montbrun-les-Bains, südlich des Mont Ventoux, ein Vorfahre der Familie Reynaud, die auch heute noch Marktführer in der Produktion von ätherischen Lavendelölen ist, hatte die Idee, die Blüten des Lavandins zu destillieren. Das war die Geburtsstunde des Lavandins, und eine große internationale Zukunft stand ihm bevor ... besonders in der Waschmittelindustrie!
Der Anbau dieser Sorte, die neben ihrem hohen Ertrag gut auf Böden in tieferen Lagen gedeiht, erlebte ab den 50er-Jahren einen Aufschwung. Heute hat der Lavandin – zu Unrecht „Lavendel" genannt – längst seinen Platz in der Provence gefunden. Er taucht weite Felder in tiefes Violett; er umrahmt die Bauernhäuser während der ersten Julitage und färbt die Landschaft im Winter mit seinen endlosen silbergrauen Reihen – ein starker Kontrast zu den rötlichen Trüffeleichen.

Lavendellandschaften

Linke Seite: Lavendelfeld bei Sonnenaufgang in der Region von Dieulefit.

Unten: eine Lavendelfarm in der provenzalischen Drôme, so wie sie über die Jahrhunderte erhalten blieb.

Die neuen Lavendelkulturen definierten den Lebensraum des Lavendels nun anders: Das Blau ließ die Bergregion hinter sich und breitete sich in den Ebenen und auf den Hochebenen der Provence aus, die leichter erreichbar und den Touristen vertrauter waren. In den Alpen der Haute-Provence bedeckt der Lavandin das Plateau Valensole und erstreckt sich bis zum Fuß des Lure-Gebirges und um die Dörfer Banon und Simiane-la Rotonde. In der Drôme blüht er auf den Hügeln und Plateaus der Voralpen, zwischen Dieulefit, Grignan und Nyons, bis in das Gebirgsmassiv Baronnies. Der echte Lavendel ist in hohen Lagen verblieben und färbt die Hochebene von Sault, ebenso die Höhen von Ferrassières oder Mévouillon blau.

Pracht des Lavandins

Die Lavendelsaison beginnt mit der Sommersonnenwende und kann bis Anfang August dauern. Ab Mitte Juni färben sich die ersten Lavandinsträucher langsam blau. Anfangs ist nur ein Hauch blaugrüner Farbe wahrzunehmen, der auf den Pflanzen liegt wie ein schwacher Lichtschimmer, den bald ein stärkeres Licht verdrängt. Dann steigert sich die Färbung rasch, bevor sie nach knapp drei Wochen ihren Höhepunkt erreicht: ein dunkles und sattes Violett, das in seiner Intensität einen unvergleichlichen Anblick bietet. Schließlich verblasst diese Farbe und spielt ins Malvenfarbige und Violette, bevor die Sträucher nach und nach grau werden. Dann, das ist normalerweise Mitte Juli, dauert es nicht mehr lange bis zur Ernte.

Die letzten Juni- und die ersten Julitage – unvorhersehbare Wetterverhältnisse können diesen Termin nach vorne oder hinten verschieben – sind also die beste Zeit, sich mitten in die Lavendelfelder zu begeben und die zahlreichen Wanderwege dieser Regionen zu begehen. Neben dem Getreide, dem Wein, den Sonnenblumen oder dem blühenden Ginster

bildet der Lavendel eine Palette kräftiger und kontrastierender Farben, die zweifellos auch Van Gogh oder Matisse inspiriert hätten.

Von Roche-Saint-Secret zum Lure-Gebirge

Im Tal von Roche-Saint-Secret, unweit von Dieulefit, erstreckt sich zu beiden Seiten des Tals ein riesiges Lavendelmeer. Einige hoch gelegene Pflanzungen, die steile Berghänge hinabzustürzen scheinen, betonen die Erhebungen, während andere Felder sanft den Berg umfassen. In gleichmäßigen Abständen oder zwischen einer Reihe junger Trüffeleichen gruppiert gepflanzt, scheinen sich die verschiedenen Lavendelreihen am Horizont zu vereinigen und die Erde mit einem weichen blauen Mantel zu bedecken. Wenn der Mistral bläst, wogen die Lavendelfelder heftig, und die Stängel bewegen sich wie die stürmische See in metallischen Grün- und Blautönen.

Die Lavendelbüsche lassen stellenweise einen Blick auf den steinigen Boden zu, auf dem keine andere Pflanze gedeihen kann, abgesehen von einigen Gräsern. Manchmal sind gleichzeitig mit der Lavendelblüte auch die Aprikosen reif, das jedoch nur nebenbei als Hinweis für kreative Köche. Weiter südlich findet man neben den kleinen Lavendelfeldern die Rebstöcke des Tricastin und die Trüffelgegend der Enclave des Papes. Das ist die Region der charakteristischen provenzalischen Landhäuser, der alten verfallenen Bergdörfer, die im 19. Jahrhundert verlassen wurden, weil sich die Bewohner am Fuße der Hügel ansiedelten, und die

Oben: Lavandin im Wechsel mit jungen Trüffeleichen in der Nähe von Grignan.

Rechte Seite: Auf der Hochebene von Valensole, in den Alpen der Haute-Provence, wachsen Lavandin und Getreide nebeneinander.

Unten: Lavandin und Oliven bieten ein wunderbares Farbenschauspiel in Blau- und Silbertönen.

Im Reich des Lavendels

Region der mittelalterlichen Türme und Schlösser. Manchmal steigt eine dicke Rauchfahne aus einer der Destillerien mitten im Dorf auf und erfüllt die ganze Umgebung mit ihrem Duft.

Bei Sonnenuntergang ist das hoch gelegene Dorf Grignan in ein schmeichelndes rosa Licht getaucht, das gerade die blühenden Lavendelfelder, die das Dorf umgeben, hinter sich gelassen hat. Grignan wird von einer Stiftskirche überragt und einem Schloss, das einige Male von der Marquise de Sévigné besucht worden war. Rundherum verbinden sich Lavendelfelder mit Trüffelhainen und bieten zu jeder Jahreszeit einen zauberhaften Anblick. Während der ersten zehn Jahre nach ihrer Anpflanzung, also bevor unter ihnen Trüffel gedeihen, werden zwischen den jungen Trüffeleichen auch

Grignan, mit seinem durch Madame de Sévigné berühmt gewordenen Schloss, ist ein hoch gelegenes Dorf inmitten von Lavandinfeldern.

Lavendellandschaften

einige Reihen Lavandin angebaut. Dieser kombinierte Anbau gewährt eine bescheidene Ernte und somit ein Einkommen während der ertraglosen Jahre der Trüffelhaine, der *truffières*, und fördert zudem das Wachstum schwarzer Trüffel, da die Wurzeln des Lavandins, die sich tief in die Erde graben, an der natürlichen Belüftung der Trüffel beteiligt sind. Nach zehn Jahren, wenn die alten Lavandinsträucher langsam eingehen, beginnt die *truffière*, die erste Ernte abzuwerfen. Einige der alten igelförmigen Lavandinsträucher tragen im Sommer noch wenige blaue Blüten, und im Winter wachsen unter ihnen oft die schönsten Trüffel.

Noch weiter südlich und etwas später, nämlich Mitte Juli, blüht der Lavandin am Fuß des Lure-Gebirges um die hoch gelegenen Dörfer.

Lavendellandschaften

Rechts: Auf der Hochebene von Sault, im Norden des Vaucluse, umgeben zahlreiche typische Steinhütten aus vergangenen Jahrhunderten die Felder mit echtem Lavendel.

Linke Seite: Wie aus einem blauen duftenden Meer tauchen die romanische Kirche, der Friedhof und das Pfarrhaus von Solérieux auf, einem kleinen Dorf in der provenzalischen Drôme.

Folgende Doppelseite: Rund um Ferrassières, zwischen dem Mont Ventoux und dem Lubéron, erstrecken sich, soweit das Auge reicht, Lavendelfelder in allen Farbschattierungen, Blau, Malvenfarben, Violett und manchmal Rosa. Im Hintergrund liegt eine Parzelle, deren allzu blasse Pflanzen entfernt wurden und die nun in einem einheitlich tiefen Blau erstrahlt.

Simiane-la-Rotonde, ein Dorf, dessen Mittelpunkt ein Rundbau aus dem 12. Jahrhundert bildet, befindet sich im Herzen einer Region mit Duftpflanzenplantagen. Die Blüte des Muskatellersalbeis ist gerade abgeschlossen, und er trägt nur noch eine blassrosa Farbe, während der Lavandin das Dorf in wogendem, aufbrausendem Violett umgibt. Einige Kilometer weiter liegt Banon, eine alte Festung, die ebenfalls von einem Lavendelmeer umgeben ist. Dieser Ort verdankt seinen Ruf einem feinen in Kastanienblätter gewickelten Ziegenkäse. Auf der Hochebene über dem Dorf treffen zehnjährige Kastanienbäume und Lavendelfelder aufeinander. Diese Bäume brauchen eigentlich Feuchtigkeit und mögen die kalkhaltigen Böden nicht besonders, die der Lavendel wiederum wegen ihrer Trockenheit sehr schätzt. Es handelt sich um eine interessante Ausnahme botanischer Regeln, und es gibt dafür keine Erklärung, aber dafür zeigt sich im Sommer ein zauberhaftes Naturschauspiel.

Der Berg der Kräuterhändler

Anfang August wird auf den Gipfeln des Lure-Gebirges – den Bergen der Kräuterhändler – der wilde Lavendel wie vor 100 Jahren gepflückt. Die Erntegebiete erreicht man über das Dorf Redortiers, danach führt der Weg weiter über den Weiler Contadour, den der Dichter Giono so liebte. Von dort steigt man zu Fuß zur Schäferei Jas des Terres du Roux, durchquert die *baïassières*, auf denen gelbes Johanniskraut und Ysop in schönem Enzianblau wachsen. Hier liegt die Region der außergewöhnlichen Taubenhäuser mit ihren massiven Türmen und rosafarbenen Hohlziegeln, deren hoch angebrachte Einflugöffnung von mehreren

Reihen grüner oder brauner Emaillefliesen umrahmt ist. Für kleine Räuber, die daran hochklettern könnten, bilden sie eine Barriere: Die Fliesen sind zu glatt und dadurch unüberwindbar und schützen so die Tauben vor hungrigen Angreifern. Auf der Hochebene von Sault blüht der wilde Lavendel ab der zweiten Juliwoche. Die Blütezeit dauert einen ganzen Monat, bisweilen sogar länger. Am Horizont erhebt sich der Mont Ventoux, je nach Lichtsituation scheint er manchmal fern und dann wieder zum Greifen nah. Die Farbe der Felder verändert sich, je nachdem ob man sich ihnen nähert oder sich entfernt: Hier leuchten sie malvenfarben, dort grau oder blau, manchmal blass, fast weiß oder beinahe von tiefem, nahezu purpurnem Violett.

Diese Farbnuancen, die in leichten Wellen das Lavendelmeer durchlaufen, mildern den strengen Rhythmus der geradlinigen Felder mit ihren regelmäßigen Reihen. Die Stauden stammen aus Samenpflanzungen, und jeder Lavendelbusch unterscheidet sich leicht von seinem Nachbarn: Die Stängel sind mehr oder weniger lang, die Blüten stehen unterschiedlich dicht, eine Blüteperiode folgt auf die andere. So blüht der rosafarbene Lavendel als Letzter, und seine Blütenstände sind noch grau, wenn im Feld bereits wieder malvenfarbene und violette Töne vorherrschen.

Einige der schönsten Lavendelplantagen der Provence liegen in der Gegend um Ferrassières und um das Château de la Gabelle, wo Marguerite Blanc und ihre Familie seit Generationen auf vielen Hektar Fläche verschiedene Lavendelarten anbauen. Dieser Blütenteppich erscheint manchmal wie aus kleinen Quadraten intensiv violetter Farbe zusammengesetzt: Hier wächst Lavendel, der zu Buketts verarbeitet wird. Am Ende des kleinen Tals wiegen sich üppige, noch grüne Büschel, die von einem kaum wahrnehmbaren aschblauen Hauch umgeben sind: Das ist der Lavandin, dessen Blüten konserviert und für kleine Duftsäckchen verwendet werden.

In der Hochsommerhitze lässt jeder Schritt Heuschrecken mit roten Flügeln auffliegen, und dickköpfige Bienen summen um die Blüten, kein Spaziergänger, keine Sammlerin kann sie vertreiben. Am Ende eines Erntetags mit der Handsichel, die den Lavendelstrauch zu einem runden, grünen Kissen stutzt, verlässt kein Pflücker das Feld, ohne dass seine Arme voller Insektenstiche sind.

Trotzdem werden regelmäßig Anfang August 40 000 Buketts mit der Sichel geerntet, damit die Stängel unversehrt bleiben.

Diese Sträuße werden anschließend mit dem Kopf nach unten getrocknet: Sie wiegen jeweils ca. 60 Gramm und behalten für ein volles Jahr ihre erstaunliche violette Farbe, die im Blütenkelch enthalten ist, während die Blütenblätter im Laufe des Trockenvorgangs abfallen.

Unten: In den ersten Augusttagen lichten sich die Lavendelreihen auf den Feldern nach und nach bei der Ernte der Lavendelsorte *super-bleue*.

Rechte Seite: Die Lavendelsorte *super-bleue*, die für das Binden der beliebten Buketts vorgesehen ist, wird heute wie damals mit der Handsichel geerntet. Die Blüten sind dunkler als die des blauen Lavendels und die Stängel länger. Diese Lavendelart entstand auf besondere Weise. Auf dem blühenden Feld wurden in Handauslese Stecklinge abgetrennt, die dann als Mutterpflanzen für die Lavendelsorte *super-bleue* dienten.

Folgende Doppelseite: Sind die Buketts aus frischen Blüten gebunden, so werden sie kopfüber an einem dunklen und gut belüfteten Ort für zwei Monate zum Trocknen aufgehängt.

In dieser Region bewahrt jede Familie das Geheimnis ihrer Zucht der Lavendelsorten wie einen Schatz. Ausnahmslos alle haben sich diesen Schatz mit viel Geduld und Erfahrung über Generationen erworben.

Im Château de la Gabelle werden nur Pflanzen von intensiver Farbe und mit langen Stängeln ausgewählt, um als Mutterpflanze in einer Gärtnerei zu dienen und so den Lavendel *super-bleue* zu vermehren. Andere Lavendelparzellen werden ohne besondere Sorgfalt von Maschinen abgeerntet. Die Pflanzen trocknen auf der bloßen Erde, bevor sie in die Dreschmaschine kommen, die die Blüten von den Stängeln trennt. In der Schäferei dienen die Halme als Stroh. Man sagt ihnen nach, dass sie Krankheiten vorbeugen, ihre Verwendung garantiert eine ausgezeichnete Gesundheit der Schafe. Die Schafe bilden das letzte Glied einer ökologischen Kette. Sie weiden die Lavendelfelder nach der Ernte ab und sorgen dabei für eine natürliche und wirksame Düngung.

So haben die Pflanzungen von Marguerite Blanc eine lange Lebensdauer: „Man spricht jetzt von nachhaltiger Landwirtschaft", sagt die unermüdliche Arbeiterin lächelnd, „aber es ist einfach nur das, was unsere Vorfahren immer schon getan haben."

Die Wiege der Sorte *super-bleue*

Das Tal von Mévouillon im Gebirgsmassiv Baronnies, in dem früher Getreide angebaut wurde, ist heute eine weite Grünfläche. Man muss nach oben blicken, um auf den sonnigen Hängen die Pflanzkulturen zu erkennen, denen es seinen Ruf verdankt: Lavendel und Lavandin neben Gewürzpflanzen … Hier fand die erste Zuchtauslese von blauem Lavendel statt, der seiner Blüten wegen angebaut wird, und von der Lavendelsorte *super-bleue*, die man der Sträuße wegen pflanzt.

Zwischen dem Weiler Gresse und dem Fort von Mévoullion – so nennt man eine gewaltige Felsplatte – sind die Berghänge von teilweise winzigen Feldern intensiv blauviolett gefärbt. Weiter unten auf den Terrassen reifen Dinkelkulturen, eine Getreideart mit kleinen Ähren, auf Feldern von schöner blassblonder Farbe.

Am Ende des Sommers kann man am Rande der Trockenscheunen, die gleich nach der Getreideernte aufgebaut werden, Berge von Lavendelstroh sehen. Sie bleiben liegen, nachdem die Blütenrispen abgeschnitten wurden, werden kompostiert und düngen schließlich die Felder, von denen sie stammen.

Die Blüten des *super-bleue* werden zu Sträußen gebunden und in Scheunen, die dann aus einem seltsamen Gewirr aus violetten und duftenden Trennwänden bestehen, zum Trocknen aufgehängt. Gemüsegärten und

Rechte Seite: mehr oder weniger lange Blütenstände, aufeinander folgende Blütezeiten, unterschiedliche Farbintensität: Wir befinden uns in einem Feld mit echtem Lavendel aus Samenzucht.

Unten: Die schönen traditionellen Buketts von Marguerite Blanc sind rund gebunden und von Getreideähren umrahmt.

40

Lavendellandschaften

Oben: Lavendelanbau in Australien an der Great Ocean Road. In der zweiten Hälfte des 20. Jahrhunderts färbt der bisher nur im Mittelmeerraum heimische Lavendel mehr und mehr auch andere Horizonte.

Linke Seite: eine Lavendelkultur in den Hügeln der provenzalischen Drôme. Ihre einheitliche Farbe verdanken die Pflanzen der Abstammung von einer Mutterpflanze, von der Stecklinge abgetrennt wurden.

Lavendelgärtnereien mit eng gepflanzten Reihen von Jungpflanzen säumen den Weg zum Fort.

Ganz am Ende dieses kleinen Tals hinter einem alten Obstgarten wachsen Lavendelsträucher in einer idyllischen Landschaft, in der man sich mühelos einen Schäfer mit seinen Ziegen und Schafen mit Glöckchen vorstellen kann. Im Hintergrund ertönt ein Eselsschrei, ein Hirtenhund läuft vorbei ... Hier wird der Lavendel noch wie im 19. Jahrhundert von Hand geerntet. Nussbäume und junge Linden inmitten der Reihen, die abwechselnd mit Lavendel und Gewürzkräutern bepflanzt sind, wie auch die Steinmauern, die diese kleinen Parzellen umfrieden, zeugen von der Ernte mit der Hand, da sie jedem landwirtschaftlichen Fahrzeug den Weg versperren. Am Straßenrand stehen die kurz gestutzten Linden ebenso breit wie hoch und bilden einen starken Kontrast zu den Nussbäumen, die wachsen dürfen, wie es ihnen gefällt. Die Linden werden kugelförmig geschnitten, damit die Blüten leichter gepflückt werden können, denn die Linden des Baronnie-Gebirges sind hoch geschätzt, und die Bienenstöcke der Region produzieren köstlichen Lindenblütenhonig.

Noch ein paar Schritte und der Mont Ventoux rückt ins Blickfeld. Er erhebt sich mächtig hinter einer kleinen Lavendeldestillerie.

Im Reich des Lavendels

Das Grau des Winters

Der Sommer ist die Jahreszeit von Farbe und Stofflichkeit, der Winter die Jahreszeit von Struktur und Rhythmus. In dieser Region ist die Erde niemals nackt. Ohne die Üppigkeit und Farbe der Blüten haben die Lavendelfelder weniger Wirkung und ähneln graugrünen Stickereien. Die geraden Reihen ordnen die Landschaft sehr klar und zeichnen endlose Linien Richtung Horizont. Manchmal bringen aufeinander folgende Bodenwellen die perfekte Geometrie ins Wanken. Die Lavendelpflanzungen legen sich in Bogen, die in dieser perfekt gemalten Landschaft wie Schriftzeichen anmuten.

Der Winterbeginn, wenn die Bauern mit ihren Hunden auf Trüffelsuche gehen, verführt zu langen Spaziergängen. Die Eichen sind rot gefärbt, die Olivenbäume tragen schwer und stehen kurz vor der Ernte, die Lavendelreihen sind silbergrau, und der Himmel erstrahlt in einem schönen Blau: eine vollkommene Harmonie!

Zu Beginn des Frühlings, wenn die Mandelbäume blühen, warten die von der Kälte noch starren Lavendelpflanzen auf den April oder den Mai, um ein zartes, zurückhaltendes Grün, das leicht silbrig schimmert, zu zeigen, während die Natur rundherum bereits die üppigsten Grünnuancen wagt.

Oben: Selbst im Grau des Winters bestimmen die Lavendelreihen die Landschaft.

Rechte Seite: Felder mit kombiniertem Anbau von Lavendel und Trüffeleichen erhalten bis tief in den Winter Besuch von Trüffelsuchern.

Vorhergehende Doppelseite: Der echte Lavendel fürchtet die Kälte nicht. Jeden Winter bildet der Schnee eine dicke Isolierschicht auf dem Plateau von Sault und bedeckt die Landschaft mit geheimnisvollen Streifen.

Die duftende Seele des Lavendels

Linke Seite: In der kleinsten noch betriebenen Destillerie in Villeperdrix bei Nyons werden die mit etlichen Kilogramm Lavendelblüten gefüllten *bourras* geleert.

Unten: Das ätherische Öl, das Endprodukt der Destillation, wird nach wie vor in Flakons aus farbigem Glas aufbewahrt.

„In den Einöden des Lure-Gebirges wächst der wilde Lavendel … die Abende verströmen zur Zeit der Ernte seinen Duft. Die Farben des Sonnenuntergangs sind lauter Streu aus geschnittenen Blumen. Die einfachen Brennkolben, aufgestellt in der Nähe der Zisternen, blasen rote Flammen in die Nacht. Ihre Rauchfahnen, die der Wind mit ein bisschen Karamellgeruch durchmischt, werden den Schlummer der einsamen Schläfer in der Einöde verzaubern."

In diesem kurzen Text, der 1958 in der Zeitschrift *La France et ses parfums* (Frankreich und seine Düfte) veröffentlicht wurde, beschreibt Jean Giono die Destillation des Lavendels Mitte des 20. Jahrhunderts. Seither wurden viele Anlagen industrialisiert, aber das Prinzip blieb das Gleiche: Die Lavendelblüte zu destillieren heißt, ihr Parfum zu extrahieren, ihre Seele einzufangen.

Wenn die ersten Kamine rauchen, ob in den großen industriellen Brennereien, die ununterbrochen von Lastwagen beliefert werden, oder in den kleinen traditionellen Betrieben, wo die mit getrockneten Sträußen beladenen Traktoren Tag und Nacht Schlange stehen, beginnt eine Phase harter Arbeit. Diese Zeit birgt aber auch eine große Erleichterung, denn endlich wird der Erfolg der Mühe sichtbar.

Die Ernte

Die Ernte findet von Anfang Juli bis Mitte August statt, je nachdem ob es sich um Lavendel oder um Lavandin handelt und in welcher Höhe sich das Anbaugebiet befindet. Der Ölgehalt der Pflanzen ist am höchsten, wenn mehr als die Hälfte der Blüten geöffnet ist. Die Schneidemaschine beginnt ihre Arbeit und lässt kurz geschnittene und neu ergrünte Reihen sowie Bündel von blühenden Stängeln hinter sich.

Im Reich des Lavendels

Damit ein Teil des Wassers in der Pflanze verdunsten kann, legt man die Bündel auf bereits geschnittene Büsche und lässt sie so drei bis vier Tage trocknen, bevor sie auf den Anhänger geladen werden, der sie zur Brennerei bringt. Wenn die Blüten welken, werden sie malvenfarbig, dann färben sie sich innerhalb weniger Stunden gräulich, und es bietet sich ein neues Farbenschauspiel: Das Grün der geschnittenen Büsche wird in regelmäßigen Abständen von großen malvenfarbenen Bündeln unterbrochen. Daneben stehen noch die letzten violetten Reihen, die auf den Schnitt warten. Aber dieser traditionelle Schnitt, bei dem die Bündel auf dem Feld getrocknet werden, weicht der mehr und mehr verbreiteten Ernte *en vert broyé* (siehe Seite 59).

Die Ernte birgt einige Risiken, und ein Sommergewitter ist für alle Lavendelbauern ein Grund zu großer Sorge. Für eine reife, noch nicht geschnittene Pflanze bedeutet Regen eine Katastrophe. Die Blüten können schimmeln und ihren schlechten Geruch an das Öl abgeben, das damit unbrauchbar wird. Stärker als der Anbau anderer Kulturpflanzen erfordert der Lavendelanbau den regelmäßigen prüfenden Blick in das Blau des Himmels, um die Wetterlage ständig abzuschätzen.

Wenn die Brennerei ihren Duft verströmt ...

Über der Schlucht des Eygues, in den Voralpen des Nyonsais, durchströmt der Duft aus den Schornsteinen der Brennerei von Pré du Jas das kleine Dorf Villeperdrix. Das Feuer des kleinen Alambics, das mit Holzscheiten entzündet wurde, wird mit Lavendelstroh, das gerade aus dem Kessel kommt, nachgeschürt.

Hier ist die Zeit stehen geblieben. Bernard Ducros, der Brennmeister, bereitet den Alambic vor – etwa so, wie man eine Teekanne vorwärmt; er reinigt die Leitungen und wärmt sie mit Wasserdampf. Anschließend füllt er die Brennblase mit dem echten Lavendel, der in große Stofftücher gewickelt, den *bourras*, geliefert wurde, und stampft ihn mit den Füßen ein, um ihn fest zusammenzupressen. Das Feuer wird erneut geschürt, die Brennblase verschlossen, und die Destillation beginnt: Alchimie mit Wasser, Feuer und Pflanzen ... Bald fließt im *essencier*, dem Auffangbehälter, zunächst leicht öliges, dann sehr öliges Wasser, das umso heller wird, je weiter die Destillation fortschreitet. Nach etwa 45 Minuten werden aus 200 Kilogramm echten Lavendels in der Brennblase des Alambics weniger als zwei Liter goldfarbenen, duftenden Öls destilliert. Dieses Öl ist rein biologisch, denn der kleine Alambic wird nur zur Destillation von Pflanzen, die ohne Pestizide angebaut wurden, oder für in hohen Lagen wild wachsenden und damit natürlicherweise „biologischen" Lavendel verwendet.

Vorhergehende Doppelseite: Anfang August pflückt Bernard Ducros, Pflücker und Brenner, in 1200 Metern Höhe wilden Lavendel in den Geröllhalden auf der Montagne d'Angèle.

Oben: Im Sommer erfüllt die Brennerei von Nyons die Stadt mit ihrem Duft. Zu Beginn der Saison werden hier auch Thymian und andere Gewürzpflanzen destilliert.

In Nyons, am Ufer des Eygues, erfüllt eine weitere Brennerei während des Sommers die kleine Stadt mit ihrem Duft. Ihr Name *Bleu Provence* spricht für sich, die Anlage besteht jedoch nur aus einem Ziegeldach, einem hohen Schornstein, der Rauch entweichen lässt, und dem traditionellen Lavendelstrohkessel mit einem Gewirr von Rohren. Der Duft des destillierten Lavendels setzt sich in den Kleidern fest. Er ist schwer und betäubend, wenn es sich um Lavandin handelt, berauschend und euphorisierend bei echtem Lavendel.

Jeder der drei Kessel der Brennerei von Nyons wird mit 300 Kilogramm Blüten gefüllt, das sind etwa 150 Bündel. Die Bündel werden vom Anhänger aus, der tags zuvor in den Lavendelfeldern beladen wurde, in die

Kessel geschaufelt. Vier Lehrlinge lösen sich von Sonnenauf- bis Sonnenuntergang mit der Arbeit ab, pressen den Lavendel in die Kessel, verschließen und schüren sie mit dem noch rauchenden Stroh aus der vorangegangenen Destillation. Dann beginnt das Warten. Das leichtere Öl des Wasser-Öl-Gemischs steigt nach oben, wo es abgezogen werden kann. Wenn eine *passée* fertig ist, werden die Deckel der Bottiche entriegelt, mit dem Flaschenzug wird der Korb mit etlichen hundert Kilo destillierter Bündel gehoben. Weißer Dampf mit betäubendem Duft erfüllt die Brennerei. Zum Genießen bleibt aber keine Zeit, die Kessel werden sofort für den nächsten Destillationsvorgang gefüllt.

Das ist harte Arbeit, aber wenn die Gärtner aus der Umgebung ihre bescheidene private Lavandinernte abliefern, geht es ruhiger zu. Der Duft der Brennerei signalisiert den Menschen in der Stadt, dass die Brennerei in Betrieb ist. Die Ernten der Privatgärtner bestehen nur aus wenigen Bündeln. Ein Lehrling notiert jede Lieferung genau. Die Hälfte des produzierten Öls erhält der Lieferant, die andere behält der Brenner als Lohn für seine Arbeit. Die Destillation des Lavendels erlernt man weder in einer Schule noch aus einem Buch. Diese alte Technik wird ausschließlich vom Meister an den Schüler übermittelt. Oft weist der Vater den Sohn in das Geheimnis der Destillation ein, oft vertraut ein Destillateur, der seine Passion weitergeben will, sein Wissen einem seiner Helfer an. Zahlreiche Destillateure, die heute qualitativ hochwertige Öle für die Aromatherapie herstellen, waren zu Beginn einfache Pflücker von Wildpflanzen, und ihr einziger

In der Brennerei von Pré du Jas, das einen wunderbaren Blick auf die Gebirgskette der Baronnies bietet, wird noch wie zu Beginn des Jahrhunderts gearbeitet. Der Lavendel wird in *bourras* auf einem Karren gebracht, in den einzigen Destillationskessel geleert und mit den Füßen festgestampft. Beheizt wird der Kessel mit dem Holz von alten Rebstöcken und Lavendelstroh.

Folgende Doppelseite: Die Dämpfe des Lavendelstrohs hüllen die Landschaft nach der Destillation ein. Ist das Stroh getrocknet, dient es als Brennmaterial für weitere Destillationsvorgänge.

Schatz war die genaue Kenntnis der lokalen Botanik. Ihr Wissen über die Destillation haben sie sich selbst angeeignet.

Von Feuer und Wasser

Die Destillation ist ein mechanisches Verfahren zur Ölgewinnung bei Duftpflanzen. Das Ergebnis des Destillationsprozesses ist die Essenz oder das ätherische Öl. Dieses entspricht dem natürlichen Pflanzenöl, hat ihm gegenüber jedoch den Vorteil, sofort verwendbar, hoch konzentriert, leicht transportabel und konservierbar zu sein. Einem Druckbottich, einer Art großem Schnellkochtopf, der mit Blüten oder Lavendelbündeln gefüllt ist, wird unter Druck Wasserdampf zugeführt. Hitze und Druck zusammen lassen die kleinen Taschen, in denen sich das Öl der Lavendelblüte befindet, platzen, und der Wasserdampf leitet die Ölmoleküle aus dem Bottich über den Schwanenhals des Alambics. Die Mischung aus Wasserdampf und ätherischem Öl wird über die Rohrschlange, ein langes Kupferrohr, das in kaltes Wasser getaucht ist, abgekühlt und ergießt sich in einen Behälter. Hier trennen sich Öl und Wasser aufgrund ihrer unterschiedlichen Dichte auf natürliche Weise. Das leichtere Öl schwimmt oben und kann somit abgezogen werden. Das für die Destillation verwendete Wasser wird nun zum Hydrolat oder Blütenwasser und enthält noch einen kleinen Prozentsatz Restöl und wasserlösliche Wirkstoffe der Pflanze.

In der Brennerei wird ätherisches Öl nicht in Litern, sondern in Kilogramm gemessen. Die in jeder Pflanze und jeder Lavendelsorte enthaltene Menge

Die duftende Seele des Lavendels

Oben: Die neue maschinelle Erntemethode *en vert broyé* hat die mit duftenden Lavendelbündeln beladenen Karren aus der provenzalischen Landschaft verdrängt.

Linke Seite: Am Ende des Destillationsprozesses fließt das Öl-Wasser-Gemisch durch das Kühlrohr in den *essencier*, in dem sich das Gemisch trennt.

schwankt stark. Um ein Kilogramm Lavendelöl zu erhalten, müssen 50 Kilogramm Lavandinblüten oder die doppelte Menge echten Lavendels destilliert werden. Für die Herstellung eines Kilogramms Rosenöl benötigt man vier Tonnen Rosenblätter.

Vor kurzem wurde aus den USA ein neues Destillationsverfahren eingeführt, das so genannte *en vert broyé*, das nur für Lavandin verwendet wird. Der Großteil der Brennereien stellte sich schnell darauf um. Blüten und Stängel werden bei dieser Methode von einer Maschine geschnitten und zerkleinert und über ein Rohr in einen Container gefüllt, zur Brennerei gebracht und mit einem Deckel verriegelt. Der Container wird so angeschlossen, dass von einer Seite Wasserdampf unter Druck eingeführt werden kann und dieser auf der anderen Seite, mit Öl angereichert, wieder austritt. Die Arbeit geht so schnell vonstatten wie mit einem Mähdrescher, Lavendelliebhabern bleiben jedoch das farbenreiche Schauspiel der Ernte und der Transport der Bündel zur Brennerei vorenthalten.

Diese Mechanisierung spart zwar Arbeitskräfte auf den Feldern und in der Brennerei, sie wird von Puristen aber kritisiert. Die Qualität des Öls bei dieser Art von Gewinnung gilt als weniger zufrieden stellend, und die Haltbarkeitsdauer ist kürzer. Daher gebraucht man heute diese Methode nur für Lavandin, der für die Waschmittelindustrie bestimmt ist. Der echte Lavendel wird nach wie vor auf traditionelle Weise destilliert.

Pl. 251.
Lavande officinale. Lavandula officinalis L.

Ein Ausflug in die Botanik

Vorhergehende Doppelseite: eine Pflanzung von blauem und weißem Lavendel im Lavendelgarten der Gärtnerei Filippi, akzentuiert durch purpurfarbenes Eisenkraut.

Linke Seite: echter Lavendel, botanische Tafel Ende des 19. Jahrhunderts.

Unten: blühende *Lavandula stoechas*.

Lavendel, oder vielmehr die Vielzahl verschiedener Lavendelarten, gediehen ursprünglich in trockenen und sonnigen Ländern. Die Ursprungsregion der Pflanze beginnt in der Provence und erstreckt sich Richtung Süden in den gesamten Mittelmeerraum.

Die Passion des Menschen kann jedoch Wunder vollbringen, und im Laufe der vergangenen Jahrzehnte trugen Botaniker und Gärtner diese Pflanze bis in Länder, deren Klima ihr nicht wirklich zuträglich war. So kam es z. B. dazu, dass England heute als Wiege des Gartenlavendels gilt.

Rund um das Mittelmeer

Der Lavendel gehört zur Familie der Lippenblütler wie Thymian, Rosmarin, Ysop, Bohnenkraut und viele andere Gewürz- und Duftpflanzen. Im Süden Frankreichs und auch in Italien oder Spanien findet man nur drei wild wachsende Lavendelarten: den Speiklavendel, den wilden Lavendel und den Schopflavendel.

Der Speiklavendel, Lavandula latifolia, gedeiht auf steinigen Kalkböden unterhalb einer Höhe von 600 Metern. Seine Blüten entfalten sich erst im Spätsommer. Auf einem zentralen Blütenstand tragen kleine Ähren dichte, winzige Blüten mit hellen malvenfarbenen oder blassblauen Blütenblättern mit grauen Blütenkelchen. Die Blätter sind von grauer Farbe, breit und duftend. Der ziemlich kleine Busch verströmt einen starken Kampfergeruch. Diese Lavendelart wird selten angebaut. Man pflückt sie meist als Wildpflanze, ihr Öl wird destilliert und in der Aromatherapie verwendet. Früher fand der Speiklavendel auch in der Ölmalerei Verwendung. Als die Farben im Atelier noch direkt hergestellt wurden, benutzten ihn Maler wie Tizian und Veronese. Wurde er in Form von Farbpigmenten verwendet, so kann er heute bei der Datierung von Gemälden helfen.

Der echte oder feine Lavendel, Lavandula angustifolia, wächst in vollsonniger Lage auf trockenen Böden und in Kalkgeröll oberhalb einer Höhe von 700 Metern und erklimmt die Hänge der mediterranen Berge bis zu einer Höhe von 1400 Metern. Er liebt die Böden der Provence, aber man findet ihn auch im Norden Spaniens und im italienischen Piemont. Holzige Wurzeln verankern den niedrigen Busch mit seinen grauen, geraden Blättern fest im Boden. Seine Blütezeit beginnt gegen Ende Juni in mittleren Höhen, oberhalb von 1200 Metern jedoch erst Anfang August. Der ährenförmige Blütenstand ist kurz und ohne Seitentriebe und trägt zahlreiche winzige Blüten, die jeweils nur ein Blütenblatt haben, dessen Oberlippe gerollt ist. Seine Farbe schattiert zwischen blassblau und violett und spielt mit allen malvenartigen Farbtönen. Der Schatz der Pflanze, ihr ätherisches Öl, verbirgt sich in den Blütenkelchen in Zellen, die von mikroskopisch feinen Härchen ummantelt sind.

Dieser Besonderheit ist es zu verdanken, dass die Qualität des Öls auch einige Tage nach der Ernte nicht beeinträchtigt wird. Dort, wo der Lebensraum des Speiklavendels endet und der des echten Lavendels beginnt, hat sich dank der Arbeit fleißiger Bienen eine Kreuzung entwickelt: die Lavandula x intermedia. Diese unter der Bezeichnung Lavandin bekannte Hybride ist robust und vereint die Eigenschaften ihrer Eltern. Ihr ätherisches Öl hingegen ist weniger fein und riecht leicht nach Kampfer. Es hat einige Zeit gedauert, bis der Mensch entdeckte, dass es sich um eine sterile Hybride handelt, die keine Samen hervorbringt und deshalb durch das Setzen von Stecklingen vermehrt werden muss. Die Lavandula stoechas, der Schopflavendel, liebt als einzige Lavendelart saure Böden. Man findet sie in Frankreich in den Massiven des Maure-Gebirges und des Esterels und auf den Inseln des Levant, aber auch im Nordosten von Spanien, in Griechenland und der Türkei. Sie blüht ab dem Winterende, dann nochmals im Herbst und trägt purpurfarbene viereckige Scheinähren, deren Blütenstand von einem Schopf violetter Hochblätter überragt wird.

Ihr kurzer Stängel trägt auf ganzer Länge graugrüne Blätter. Heute sind von den Botanikern etwa 30 verschiedene Lavendelsorten katalogisiert. Viele von ihnen wachsen wild rund um das Mittelmeer sowie auf einigen Inseln wie den Balearen, auf Zypern oder auf Kreta.

Einige haben sich bis nach Äthiopien, Somalia und in den Jemen ausgebreitet, während andere Arten auf Inseln des Atlantiks Zuflucht gefunden haben, wie auf den Azoren und Kanaren, auf Madeira oder sogar am Kap Verde mit seinem subtropischen Klima. In Spanien gibt es neben dem Speiklavendel und dem echten Lavendel, der wild im

Rechte Seite: *Lavandula lanata*, eine Lavendelart spanischen Ursprungs mit silbrigem, wolligem Blattwerk.

Unten: *Lavandula spica*, Zeichnung von M. Hérincq, 1906.

Nordosten des Landes wächst, und neben den Lavandinkulturen in den trockenen Hochebenen von Valladolid, nördlich von Madrid, drei schöne Lavendelarten, die als Wildpflanzen im Süden des Landes vorkommen: Lavandula lanata, Lavandula dentata und Lavandula multifida. Lavandula lanata bildet ein niedriges Kissen aus silbrigen und wolligen Blättern. Sie trägt dunkelviolette Blütenstände gegen Ende des Sommers. Lavandula dentata trägt am Rand zart gekerbte, hellgrüne Blätter und das ganze Jahr über hellblaue Blüten. Lavandula multifida, deren fein gezähnte Blätter sehr aromatisch duften, blüht von März bis November in allen Blau- und Violetttönen. Auf Madeira und den Kanaren gedeihen zwei wilde Lavendelarten, Lavandula pinnata und Lavandula minutolii, mit federförmigen Blättern. Diese aus mildem Klima stammenden Pflanzen sind zwar nur bedingt winterhart und trotzdem für Botaniker und Gärtner ein besonderer Glücksfall. Durch die Kreuzung mit nordischen Arten erhielt man eine neue Sorte, die für die Gärten im kühleren Klima Europas besonders geeignet ist. Italien kultiviert ebenfalls eine kleine Menge echten Lavendels im Piemont. Dieser Lavendel wird hauptsächlich für Duftsäckchen

Rechte Seite: *Lavandula* ‚Hidcote' in einem mediterranen Garten.

Unten, von links nach rechts: zwei Hybriden aus der Lavendelgärtnerei Filippi.
1. *Lavandula lanata* gekreuzt mit *Lavandula dentata*, das Ergebnis *Lavandula* x ‚Goodwin Creek Grey'.
2. *Lavandula multifida* gekreuzt mit *Lavandula pinnata*, das Ergebnis *Lavandula* x *christiana*.

Ein Ausflug in die Botanik

getrocknet. Auch Marokko ist ein Land des Lavendels. Dort findet man Sorten, die in Spanien vorkommen, und zahlreiche andere, die im Atlas- und Anti-Atlasgebirge gedeihen. Botaniker erforschen diese Region auf der Suche nach neuen Entdeckungen.

Vom Nebel Englands bis ins Land der aufgehenden Sonne

Der ursprünglich aus warmen Gefilden stammende Lavendel ist eine der meistgeschätzten dekorativen Pflanzen der englischen Gärtner geworden. Unsere Vorstellung von einer Bergpflanze, die Sonne und trockenen Boden benötigt, musste daher revidiert werden.

Ganz neu ist das nicht, denn angeblich hatten bereits die Römer die Lavandula angustifolai nach England gebracht. Andere Quellen schreiben die Einführung des Lavendels auf den Britischen Inseln den Protestanten aus Diois zu, die vor der Verkündung des Edikts von Nantes 1598 ihr Land verließen, um sich in England niederzulassen, und ihre eigenen Pflanzensamen mitbrachten. Beweise fehlen sowohl für die eine als auch für die andere Theorie. Mit Sicherheit weiß man dagegen, dass seit dem Ende der Tudorherrschaft in den Kräutergärten der Landsitze und englischen Klöster der echte Lavendel zu den Heilpflanzen zählte. Er wurde beispielsweise dazu verwendet, Ansteckung bei Seuchen zu verhindern, besonders während der großen Pest von 1665 in London. Zur Desinfizierung von Räumen wurde Lavendel in Kirchen und öffentlichen Gebäuden verbrannt. Im 19. Jahrhundert war Königin Viktoria eine begeisterte Anhängerin von Lavendel, und im gesamten Commonwealth bemühten sich die Ladys und Gentlemen, einen Duft zu verströmen, der Symbol ihres Landes geworden war: Der English Lavender, dieser so erlesene Duft, war geboren.

Durch die Ausdehnung Londons wurden die ersten Lavendelfelder verdrängt, und seit 1932 kommt der englische Lavendel hauptsächlich aus einem ca. 40 Hektar großen Anbaugebiet nahe Norfolk. Ab Mitte Juli werden hier feiner Lavendel und Lavandin geerntet, die entweder vor Ort destilliert, zur Herstellung von Eau de Toilette verwendet oder zur Konservierung der Blüten getrocknet werden. Diese Produkte werden anschließend den Besuchern der England's Lavender Farm angeboten. Die Besucher können auch die Lavendelgärten und die

Ein Ausflug in die Botanik

Lavendelgärtnereien bewundern. Seit den 50er-Jahren entstanden zahlreiche andere Lavendelfarmen nach diesem Modell in Sainte-Brelade, auf Jersey, aber auch in Australien, Neuseeland und den Vereinigten Staaten von Amerika.

Keine der englischen Farmen, deren fast gesamte Produktion als getrockneter Lavendel oder Lavendelessenz vor Ort an die Besucher verkauft wird, kann mit der französischen, zum Großteil für den Export bestimmten Produktion konkurrieren. In den 70er- und 80er-Jahren exportierten auch die Krim und Bulgarien Lavendel, aber die politischen und wirtschaftlichen Veränderungen in diesen Ländern führten zu einem deutlichen Rückgang der Produktion, die erst seit kurzem wieder zunimmt. Auf der Krim und in Bulgarien wird französischer Lavendel angebaut, da diese Länder keinen wilden Urahnen der Pflanze besitzen. ‚Maillette' und ‚Matheronne' sind ertragreiche Züchtungen. Ihr Duft ist jedoch weniger fein als der den Wildpflanzen ähnlichere Duft der Saatpflanzen. Die gleichen Lavendelsorten werden heute sogar in China angebaut, nördlich der autonomen Region Xinjiang Uygur an der Grenze zu Kasachstan, in einer Gegend, die sich bereits auf die Produktion von ätherischen Ölen spezialisiert hat. Seit kurzem wird Lavendel auch in Japan angepflanzt, in erster Linie wegen der Schönheit seiner blühenden Felder. Die Initiative hierzu geht auf einen Samenhändler namens Tadao Tomita zurück, der auf einer Frankreichreise im Jahr 1970 Lavendelsamen in Marseille kaufte. Er säte den Samen auf der Insel Hokkaido aus, und die Hochzeitspärchen ließen sich begeistert vor den blühenden Lavendelreihen fotografieren. Die Lavendelfarm von Tadao Tomita empfängt heute Besucher aus ganz Japan und bietet Lavendel in jeder nur möglichen Form an, als Eau de Toilette, Buketts, Zimmerdekoration usw.

Dass sich diese schöne Pflanze aus dem Mittelmeerraum an die verschiedensten Regionen der Welt anpassen konnte, verdankt sie einigen Botanikern und passionierten Gärtnern, aber auch dem Können derer, die seit Generationen Lavendelanbau betreiben.

Gegenüber: Aus dem Mittelmeerraum stammend, hat der Lavendel nach und nach zahlreiche Regionen des Globus erobert. Lavendelfeld in Furano auf der japanischen Insel Hokkaido.

Oben: In England haben die Gärtner zahlreiche Gartenlavendelarten geschaffen. Der Lavendelanbau ist weit verbreitet. Ernte auf einer Lavendelfarm in Norfolk.

Eine Sammlung, die es zu entdecken gilt

Der Lavendelgarten von Olivier und Clara Filippi am Ufer des Etang de Thau ist einzigartig in Frankreich. Hier sind etwa 100 verschiedene Lavendelsorten in einem Garten heimisch, der niemals gegossen wird. Die Pflanzen gedeihen nur mit dem Regenwasser, das im Frühling und Herbst fällt. Am Ende des Sommers, gegen Mitte August, scheint der Garten ausgetrocknet, aber er lebt auf, sobald der erste Regen niedergeht. Hier finden sich alle Sorten des botanischen Lavendels, die rund um das Mittelmeer gesammelt wurden, dazu noch deren Abkömmlinge sowie von englischen und französischen Gärtnern gezüchtete Hybriden. Die frostempfindlichen Sorten der Kanarischen Inseln oder von Kap Verde finden in einem Gewächshaus Schutz. Alle diese Lavendelpflanzen, Lavandine und Hybriden unterstreichen gegenseitig ihre Wirkung. So wird ein etwas blasser Lavandinbusch zum vollendeten Gegenstück seines dunkelvioletten Nachbarn.

Die Zusammenstellung dieser unterschiedlichen Lavendelarten schafft eine besondere Atmosphäre, die eng an das Farbenspiel der Pflanzen und an die unterschiedlichen Düfte gebunden ist, deren Intensität sich im Laufe des Tages verändert. In diesem Garten löst von Anfang Juni bis Mitte August eine üppige Blüteperiode die nächste ab, zartere Blüten entfalten sich am Anfang und am Ende der Saison.

Ab April beginnt die Blüte einiger früher Lavendelarten, wie z. B. des spanischen Lavendels, Lavandula dentata. Die Lavandula angustifolia zeigt ihre ersten Blütenstände Mitte Mai. Unter dem Klima Südfrankreichs erreicht die Blütezeit ihren Höhepunkt im Juni. ‚Hidcote blue‘, das Kleinod dieser Lavendelart, aus den Gärten des Landsitzes Hidcote der

Für den Garten besonders geeignete Lavendelsorten. Von links nach rechts:
- *Lavandula* x *intermedia* ‚Super‘;
- *Lavandula* x *intermedia* ‚Dutch‘ und Glockenblumen;
- *Lavandula* x *intermedia* ‚Hidcote white‘;
- *Lavandula* x ‚Richard Gray‘;
- *Lavandula salvifolia*;
- *Lavandula* x *intermedia* (links vorne), *Lavandula* x *intermedia* ‚Jaubert‘ (rechts vorne), *Lavandula* x *intermedia* ‚Abrial‘ (hinten).

berühmten englischen Gärtnerin Gertrude Jekyll, ist von empfindsamer Schönheit, da sie Feuchtigkeit nur schlecht verträgt. Heute wird sie oft durch ‚Folgate' ersetzt, eine anspruchslose Pflanze mit schöner Wirkung. In dieser Reihe von Lavendelarten, die alle kompakt erscheinen wie ihre Ursprungspflanze, der echte Lavendel, und meist eher blau als violett sind, gibt es auch einige sehr reizvolle weiße und rosafarbene Arten, wenn auch deren Blütezeit nur von kurzer Dauer ist.

Im Juli tritt die Blüte der Lavandine, Lavandula x intermedia, mit längeren Stängeln und üppigen Blüten die Nachfolge an. Diese Hybride, die anfänglich zur Produktion von ätherischem Öl gezüchtet wurde, hat auch die Gärtner inspiriert, und viele Arten blühen in diesem Lavendelgarten: ‚Hidcote giant', ein majestätischer englischer Lavendelstrauch, und ‚Alba', ein Lavendel mit weißen Blüten und kompaktem Wuchs, sind darunter die außergewöhnlichsten Arten.

Aus Spanien und Marokko stammende Lavendelsorten, besonders die Lavandula lanata und die Lavandula dentata, ermöglichen die Entstehung zahlreicher Hybriden, in denen sich die positiven Eigenschaften ihrer Mutterpflanzen wieder finden. Diese neuen Arten sind winterhart und blühen über einen langen Zeitraum.

Spontan denkt man bei Lavendel nur an die Blütezeit, doch ist seine Bedeutung für den ganzjährigen Rhythmus des Gartens erst im Herbst und Winter, wenn die Farben aus den Blumenbeeten verschwunden sind, deutlich zu erkennen. Bei einigen Lavendelarten sind die Blätter sogar auffallender als die Blüten. Dies gilt besonders für die Hybride Lavandula x ‚Silver Frost', die ein breites Kissen aus silbernen, wolligen Blättern formt, und die Hybride Lavandula x intermedia ‚Dutch'.

Lavendelgärten

Linke Seite: Im Garten harmoniert der nur einen Monat blühende Lavendel besonders mit Pflanzen in den Komplementärfarben. Hier eine Kombination mit gelbem, orangem und weißem Mohn.

Unten: Lavendel und Oleander, zwei mediterrane Pflanzen, deren Farben sich perfekt ergänzen.

Der Lavendelgarten, ob klein oder groß, kann einem Gärtner eine ganz besondere Freude bereiten. Sein Duft verzaubert jeden im Freien verbrachten Augenblick, bereichert das Haus mit blauen Sträußen oder Potpourris und verfeinert die Küche. Auch wenn der Lavendel in einem Garten des Südens unumgänglich erscheint und dabei als Miniaturausgabe an die großen blauen Weiten der Haute-Provence erinnert, so hat er auch seinen Platz in Gärten des Nordens wie z. B. in England, wo die Gärtner bewiesen haben, dass mit Begeisterung, Fantasie und Ausdauer Wunder vollbracht werden können.

Der wilde Lavendel oder der Lavendel, der in der Haute-Provence angebaut wird, färbt auf unvergleichliche Art und Weise ganze Landstriche. Im Garten können diese Lavendelsorten eine Enttäuschung sein, sie eignen sich nicht als isolierte Einzelpflanzung. Zwar können einige Lavendelsträucher Thymian und Bohnenkraut in der Kräuterecke Gesellschaft leisten, aber eine wirkliche Rolle spielen sie in einem Ziergarten nicht, auch, weil ihre Blütezeit nur von kurzer Dauer ist.

Gärtner mit einer Leidenschaft für Botanik haben den bescheidenen echten Lavendel veredelt und zahlreiche Hybriden geschaffen, die sich besonders für Gärten eignen, und dabei bemerkenswerte Resultate erzielt. Beim Gartenlavendel und -lavandin regiert eine Vielfalt von Formen, Größen und ungewöhnlichen Farben; die Blütezeiten wechseln und dauern länger an als auf den Lavendelfeldern. Die Farbpalette der Blüten reicht von weiß bis dunkelviolett, blau, über malvenfarben und sogar bis zu rosa, nicht zu vergessen die Violetttöne, die sich dem Purpur annähern, wie bei Lavandula angustifoli ‚Twickel Purple'. Eine Lavendelart aus Madeira, die sehr reizvolle Lavandula stoechas ‚Viridis', trägt sogar grüne Blüten.

Lavendel im Garten

Die Blätter der Halbsträucher, die beim Lavendelanbau wenig Beachtung finden, erweisen sich im Garten als sehr nützlich. Mit seinem manchmal grünen oder zartgrauen und dann wieder fast weißen und wolligen Laub belebt der Lavendel auch im Winter die Beete. Die Blätter sind glatt gesäumt und gerade, einfach oder federartig gezähnt wie die der Lavandula minutolii, die von den Kanarischen Inseln stammt. Einige Arten tragen große zusammengesetzte Blätter, wie viele Lavendelarten aus Nordafrika oder von den Kanarischen Inseln, z. B. Lavandula multifida, Lavandula pinnata oder Lavandula canariensis.

Diese Lavendelarten können für die Gestaltung eines Gartens in ähnlicher Weise genutzt werden wie der Buchsbaum. Vor der Blüte kann man die Pflanzen zuschneiden und ihnen die Form eines runden Kissens, einer Kugel oder eines kompakten Busches geben. Einige Zwerglavendelarten bilden kleine Kugeln mit dichten blauen Blüten, andere können bis zu einem Meter hoch werden, wenn ihre Stängel Blüten tragen, und erzeugen weniger dichte blühende Büschel. Dank ihres Variantenreichtums sind sie im Garten vielseitig verwendbar. Einige blühende Büsche in einfachen Steintrögen bilden z. B. in einer Terrassenecke ein hübsches provenzalisches Dekor. Eine Lavendelwiese wiederum kann einem Ferienhaus seinen Sommerduft schenken und es mit seinen schönen Farben umspielen.

Ein Hauch Provence

Der einfachste und zugleich spektakulärste Lavendelgarten entsteht durch die Pflanzung eines kleinen Beetes zur Einfassung des Hauses. Der anspruchslose Lavendel zeigt seine Blüten, verströmt angenehmen Duft und zieht Schmetterlinge an. All dies geschieht ohne Gießen, fast ohne Pflege und über einen langen Zeitraum, da Lavendel eine Lebensdauer von zehn Jahren hat.

Die Lavandinsorte ‚Grosso' ist für diese Art der Nutzung sehr geeignet. Wenn man jedoch zwei Lavandinarten mit unterschiedlicher Blütezeit pflanzt, wie z. B. die graublaue Sorte ‚Super', die Ende Juni blüht, und die Sorte ‚Abrial', die später blüht, so kann man die Saison der blauen Farbe verlängern.

Gärten des Südens ohne Lavendel sind undenkbar, und auch nördlich gelegenen Gärten verleiht er einen Hauch Provence. Als flächige Beete oder in Linien gepflanzt, strukturiert er den Garten auf originelle Weise und bildet interessante Kontraste wie hier, in den Gärten von Viels-Maisons in der Picardie: Seine bläulich-malvenfarbigen kleinen Blüten bringen das zarte Gelb der Rosen besonders zur Geltung.

Lavendelgärten

Man erhält durch den Wechsel von silbergrauen runden Kugeln und üppigen violetten Büscheln einen sehr schönen Effekt, wenn man jeden zweiten Busch zuschneidet. Diese Art des Schnitts schafft äußerst interessante Kontraste für eine Bepflanzung vor dem Haus. Um die Blütezeit rund um ein Ferienhaus, das nur im Hochsommer bewohnt wird, hinauszuzögern, reicht ein Schnitt um den Monat Mai, wenn sich die jungen Triebe bilden. In einem Olivenhain erzielt Lavendel, der am Fuß der Bäume gepflanzt ist, eine sehr schöne Wirkung – wie eine blaue Wiese unter silbrigen Bäumen! Diese beiden Pflanzen mit bescheidenem Wasserbedarf verstehen sich gut, die Bäume müssen allerdings regelmäßig geschnitten werden, damit ihr Laub keinen zu dichten Schatten wirft. Einer der bekanntesten Landschaftsgärtner Südfrankreichs, Jean Mus, bedient sich oft dieser Pflanzengemeinschaft für seine Gärten. Das spärliche Laub der Olivenbäume wirft einen silbrigen Halbschatten auf das blaue Kraut und lässt es den ganzen Tag in wechselnden Farbtönen schillern. Das Ergebnis ist prachtvoll, und sollte nur ein Olivenbaum vorhanden sein, kann z. B. eine Komposition mit drei Lavandinsträuchern und einem Strauch namens Rosa sinensis, einer anhaltend blühenden purpurnen Heckenrose, sehr gelungen aussehen.

Oben: ein vor Sträuchern angelegtes Beet mit Lavendel, Clematis und einem weißen Rosenstrauch verleiht diesem Garten einen geheimnisvollen Farbenzauber.

Rechte Seite: Thymian (im Vordergrund) und blühender Schopflavendel mit langen Stängeln in einem mediterranen Garten.

In einem trockenen Garten kombiniert man zum Lavendel ebenso genügsame Pflanzen. Die Frühlingsblüte der Zistrose mit seidigen rosa- oder purpurfarbenen Blütenblättern harmonisiert sehr gut mit den ersten blassblauen Lavendelblüten. Diese großen Büsche können die Grundarchitektur des Beetes bilden, in das noch zarte Lavendelsorten und Rosmarin gepflanzt werden, die in Bodennähe wachsen und azurblaue oder blassrosa Blüten tragen. Warum nicht noch einige kleine provenzalische Iris in Dunkelviolett mit gelben Streifen dazupflanzen? Die Mehrzahl der Lavendelgärten befindet sich auf kalkhaltigen Böden. Aber in einem Garten mit saurer Erde, in dem nur der Schopflavendel gedeihen kann, könnte man ein leicht schattiges Buschwerk mit ab April weiß blühenden Zistrosen, Erdbeerbäumen und baumartigem Heidekraut, das ebenfalls weiß blüht und einen Honigduft verströmt, anlegen – ein Buschwerk wie im Jardin du Rayol, der vom Landschaftsarchitekten Gilles Clément am Ufer des Mittelmeers in Rayol-Canadel-sur-Mer geschaffen wurde.

Der Juni-Lavendel liebt die Gesellschaft der rosafarbenen und anmutigen Nachtkerzen, die sich zusammen mit kleinen einfachen Mohnblumen im Wind wiegen und die Strenge der Lavendelähren mildern. Leicht ins Bläuliche gehende Gräser wie z. B. Schwingel oder Miscanthus tragen ebenfalls zu dieser Leichtigkeit bei. Schafgarbe, die ihren

flachen Blütenstand hoch und in zartem Hellgelb trägt, ruft einen sehr hübschen Farbkontrast hervor, wenn sie zwischen malvenfarbenen und violetten Büschen emporwächst.

Die blassgelben einfachen Blüten des Lorbeerbaums begleiten mit einem ebensolchen Kontrast die letzten Lavandinblüten bis in den Hochsommer. Und da Lavendel Ameisen und Schnecken fern hält, kann der Garten ganz natürlich, ohne chemische oder biologische Schädlingsbekämpfung, gedeihen.

Die Verbindung von Lavandin und Bodendeckerrosen verwandelt eine unansehnliche Böschung in einen ganz besonderen Anblick. Pastellfarbene Rosen sollten dabei vermieden und eher kräftige Farben wie Karminrot oder Magenta, die es mit dem Violett des Lavandins aufnehmen können, bevorzugt werden. Während die Rosen langsam ihre Blüten austreiben, ist der Lavandin gerade so viel blau gefärbt, um die Farbe der Rosenblüten zu unterstreichen, und während die Rosen langsam verblühen, wird die üppige violette Masse des Lavandins durch vereinzelte karminrote Rosen getüpfelt. Später, im Winter, sprießen silbergraue Büsche durch die Rosensträucher hindurch, die zu diesem Zeitpunkt rote Hagebutten tragen. Da Blattläuse Lavendelöl verabscheuen, erfreuen sich diese Rosen immer bester Gesundheit.

Der Lavandin wirkt weniger ländlich und etwas eleganter, wenn er zusammen mit Buchs die Einfassung eines Beetes bildet. Als Wegeinfassung ist der Lavandin perfekt. Er bildet im Herbst wie im Winter eine schöne Kugel, man sollte ihn etwas zurückgesetzt pflanzen, damit seine üppigen Blüten nicht den Durchgang versperren.

Lavendel im Topf

Einige Zwerglavendelarten eignen sich für das Bepflanzen großer Tontöpfe oder Steintröge. Ein sonniger Balkon oder eine geschützte Terrasse genügen, um einige Pflanzen Lavandula angustifolia heimisch werden zu lassen. Die kleinste von ihnen, ‚Blue Cushion‘, erreicht nicht mehr als 20 Zentimeter Höhe während der Blüte. ‚Royal Purple‘, ‚Numstead dwarf‘ oder ‚Erbalunga‘ sind kaum höher und verfügen über eine reiche Farbpalette. Die Gemeinschaft mit Gewürzpflanzen unterstreicht ihren Duft, und mit einem Lorbeerbaum als Hintergrund fühlt man sich augenblicklich in die Provence versetzt.

Nicht zuletzt bringen exotische Lavendelarten mit ihren wunderbar gezähnten Blättern wie Lavandula multifida und Lavandula pinnata viel Leichtigkeit und Duft in die bepflanzten Töpfe. Sie harmonieren mit

Lavendel, Thymian, Salbei und Oregano lieben trockene, steinige Böden und bilden unweit des Hauses einen hübschen Kräutergarten.

Vorhergehende Doppelseite: In diesem Garten in der Normandie umrahmen Lavendel und Rosenstöcke sanft eine Wiese.

Lavendelgärten

bunten Sommerblumenmischungen, beide sind nur einjährig. Die Hybride Lavandula x christiana mit dunkelblauen, stark verästelten Blüten verdient einen Ehrenplatz in einem hängenden Gefäß, das sonnig, aber windgeschützt angebracht sein sollte.

So nah wie möglich an der Küche

Lavandula angustifolia und ihre Varietäten vertragen sich gut mit Gewürz- und Duftpflanzen wie Thymian und Bohnenkraut, blaublühendem Ysop und silbrigem Beifuß, mit nach Curry duftender Immortelle oder samtblättrigem Salbei. All diese grünen Blätter, deren Färbung ins Graue, Silberne oder fast Weiße spielt, unterstreichen die blauen oder violetten Blüten des Lavendels. Einige zarte Gelbtupfer, wie man sie z. B. im bronzefarbenen Fenchel oder in den hochgewachsenen Königskerzen von sehr zartem Gelb auf einem fast weißen Schaft findet, sind ebenfalls für die Harmonie des Gartens wichtig. Es ist jedoch Vorsicht bei der Wahl der Farbnuancen geboten: Ein klares Gelb könnte dieses Zusammenspiel stören, ein blasses Rosa wäre zu farblos. Eine granatrote oder purpurviolette Färbung einer Rose bietet andere Kombinationsmöglichkeiten mit den bläulichen Tönen des Lavendels. Als Kontrapunkt zum balsamischen Duft der Gewürzpflanzen ist der süße Geruch einer Madonnenlilie oder das feine Parfum einer Damaszenerrose willkommen.

In diesem Garten werden Lavendelblüten für die Küche und für Potpourris gepflückt. Früh am Sommermorgen geerntet, können die Blüten auch an einem dunklen, gut belüfteten Ort in kleinen Sträußen mit dem Kopf nach unten hängend getrocknet werden. Nach einem Monat lässt sich die Blüte, oder genauer der Blütenkelch, mit Daumen und Zeigefinger ablösen. In einer luftdicht verschlossenen Dose behält der getrocknete Lavendel seinen Wohlgeruch bis zum nächsten Sommer.

Lavendelanbau im Garten

Liebhaber des Lavendels träumen davon, ihn im eigenen Garten anzubauen, ob sie nun ein kleines Stück Land in Südfrankreich, in Italien oder in Spanien besitzen oder sogar in England, Belgien oder Deutschland. Die verschiedenen Hybriden, die für feuchteres, kühleres Klima geeignet sind, ermöglichen die Verwirklichung dieses Traums. Durch die Beobachtung und Anwendung der Techniken derer, die seit Generationen Lavendelanbau betreiben, kann jeder seinen Garten in ein kleines Stück blaue Erde verzaubern.

Aussaat, Vermehrung durch Stecklinge, Pflanzung

Die Gestaltung eines Lavendelgartens ist einfach, sofern einige Grundregeln beachtet werden. Gibt es in der nächsten Umgebung noch keine Gärten, in denen Lavendel angebaut wird, empfiehlt sich eine Bodenanalyse, um die generelle Eignung des Bodens festzustellen. Die meisten Lavendelarten gedeihen nur auf kalkhaltigen Böden. Wenn die Erde zu schwer oder zu sauer ist oder zu wenig Humus enthält, muss sie gelockert und gekalkt und mit organischem Dünger und Mulch angereichert werden. Ein schlecht durchlässiger, feuchter Boden und Staunässe lassen Lavendelsträucher rasch verkümmern. In einem hügeligen Garten wird man Lavendel daher eher auf erhöhten Stellen pflanzen, in einem Terrassengarten in der Nähe der Steineinfassung.

In Regionen, in denen der Winter nicht zu hart und zu feucht ist, können Pflanzen mit Wurzelballen bereits im Herbst eingesetzt werden. In den übrigen Regionen ist dies erst im April möglich, wenn die Erde beginnt, sich zu erwärmen. Die Pflanzen entwickeln sich leichter, wenn sie in Töpfchen vorgezogen werden. Das ist jedoch eine aufwändige Lösung. So genannte Nacktwurzler, d. h. Pflanzen, die direkt aus Lavendelfarmen kommen, müssen sofort eingepflanzt und ausreichend gewässert werden. Auf den Feldern wird in Reihen in einem Abstand gepflanzt, der die Durchfahrt des Traktors erlaubt – die Norm liegt dabei bei etwa 12 000 Lavendel- und 8000 Lavandinpflanzen pro Hektar. Im Garten pflanzt man besser nicht in Reihen, sondern versucht, einen Abstand zwischen den Pflanzen einzuhalten, der es den Stängeln erlaubt, sich während der Blüte zu berühren und so den Boden ganz zu bedecken. Das Ergebnis ist wundervoll und leicht mit zwei bis drei Lavandinpflanzen oder fünf kleineren Lavendelpflanzen pro Quadratmeter zu erreichen. Die Pflege beschränkt sich auf das Hacken der Erde im Herbst, Unkrautjäten im Frühling und das Pflücken im Sommer, das gleichzeitig den Schnitt bedeutet. Drei Jahre dauert es, bis der Lavendelgarten seine ganze Pracht entfaltet, die Bepflanzung hat aber eine Lebensdauer von etwa zehn Jahren. Im Garten gehen weniger Pflanzen ein als in großen Kulturen.

Die Mehrzahl der echten Lavendelkulturen wird aus nicht selektionierten Samen gezogen, damit die Pflanzen möglichst nah an den Wildsorten mit deren mannigfaltigen Färbungen bleiben. Sie brauchen hohe Lagen, Sonne im Sommer, Kälte im Winter und fürchten auch keinen Schnee. Es gibt Lavendelgärtnereien, die ganz auf die Aufzucht von Samenpflanzen spezialisiert sind.

Diese Gärtnereien bieten auch geklonten Lavendel an wie z. B. ‚Maillette' und ‚Matheronne', die gut für das Flachland geeignet sind. Drei

Lavendelgärten

Oben, links: Lavendel liebt die Trockenheit und gedeiht auch als Topfpflanze gut. Hier: *Lavandula* ‚Cedar Blue'.

Rechts: Ein Lavendelstrauch lebt nur etwa zehn Jahre, die Pflanzungen müssen also regelmäßig erneuert werden. Hier werden Stecklinge von einer älteren Pflanze abgetrennt.

Lavandinsorten sind normalerweise in den Gärtnereien verfügbar: ‚Abrial', ‚Super' und ‚Grosso'. Der Lavandin ‚Super' ähnelt dem Lavendel und sein ätherisches Öl riecht weniger nach Kampfer. Seine Blütezeit beginnt Ende Juni. Der Lavandin ‚Grosso', der am häufigsten angebaut wird, bildet Anfang Juli blaue, fast violette Blütenstände. Sein Duft ist etwas schwer, aber lang anhaltend. Der Lavandin ‚Abria', die älteste Zucht, blüht im Juli, und sein Öl, das wegen seiner Feinheit geschätzt wird, ist frisch und riecht nur leicht nach Kampfer.
Es stehen viele Lavendelarten mit unterschiedlichen Blütezeiten, Farben und Düften zur Verfügung. Von Juni bis August ist das Pflücken von Sträußen für das Haus möglich.

Lavendel im Haus

Buketts und Duftsäckchen

Vorhergehende Doppelseite:
Die getrockneten Sträuße von
Marguerite Blanc sind als
Zimmerdekoration gedacht.

Linke Seite: Früher war der
traditionelle Waschtag im Frühjahr,
la grande bugade, eng mit dem
Duft des Lavendels verknüpft.
Auch in heutigen Waschmitteln
lebt dieser Duft weiter.

Unten: mit Lavendel
parfümiertes Handtuch.

Um die kleine blaue Blume zu sich nach Hause zu holen, genügt es, die Rezepte unserer Großmütter wieder aufleben zu lassen. Einige Tropfen Lavandinöl ins Putzwasser, blaue Sträuße oder Potpourris, in kleine Körbchen verteilt, erfüllen das Haus mit Wohlgeruch und verleihen ihm einen Hauch Provence.

Duft aus alter Zeit, Duft nach Frische

Früher, als Reinigungsmittel noch auf rein natürlicher Basis hergestellt wurden, hatte der Lavendel einen hohen Stellenwert im Haushalt. Blicken wir auf die Zeit der großen Wäsche im Frühling zurück. In *Le monde des odeurs* beschreibt Lucienne Robert dieses Ritual: „Wenn alle Wäschestücke vorbereitet sind, wird ein Tuch aus Hanf so darüber gelegt, dass die vier Zipfel über dem Waschzuber hängen. In die Mitte wird eine Schicht Asche, die fein gesiebt und extra dafür aufbewahrt wurde, gestreut. Auf die Asche werden die Blüten eines großen Lavendelstraußes aus dem vergangenen Sommer verteilt. Die Ecken des Tuches werden nun eingeschlagen und über das Ganze gelegt. Nun kann die Wäsche beginnen. Kochendes Wasser wird über die Wäsche gegossen, erst am Tag darauf werden die Tücher ins Waschhaus gebracht." Die gebügelten und gefalteten Tücher treffen anschließend in den Schränken wieder auf den Lavendel. Getrocknete Lavendelblüten in kleinen Duftsäckchen halten Schränke frei von Motten und Ameisen und verleihen der Wäsche einen frischen Duft. Da Lavendelöl keine Flecken macht, kann man auch einige Tropfen auf einen Kissenbezug geben und damit den ganzen Schrank mit Wohlgeruch erfüllen. Diese traditionellen Anwendungen können dazu anregen, auch Leintücher, bestickte Tischdecken oder Handtücher zu

Lavendel im Haus

parfümieren. Einige Tropfen Lavendelöl im Spülwasser sowie Lavendelhydrolat oder ein paar Tropfen Lavendelöl im Wasser für das Dampfbügeleisen lassen die Wäsche angenehm duften. Die Brennereien verkaufen oft ihren Überschuss an Blütenwasser. Dieses in 1/2-Liter-Packungen abgefüllte parfümierte Bügelwasser ist ziemlich teuer, kann aber durch das Zufügen einiger Tropfen Öl in das Wasser für das Dampfbügeleisen ersetzt werden. In diesem Fall sollte man echtes Lavendelöl verwenden, denn Lavandinöl riecht nicht fein genug, um damit die Kleidung zu parfümieren. Lavandinöl eignet sich dagegen bestens für die Reinigung der Böden: Zehn Tropfen in fünf Liter lauwarmem Wasser bringen einen guten und frischen Duft in Bad oder Küche. Für das Reinigen von Fliesen eignen sich auch Produkte aus früheren Zeiten auf der Basis von Schmierseife und Lavandinöl.

Um einen Wohnraum dezent und auf originelle Art zu parfümieren, gibt man die Blüten des wilden Lavendels in eine Schale und frischt sie regelmäßig mit einigen Tropfen Öl auf. Man kann auch ein einfaches Potpourri aus Lavendelblüten mit Damaszenerrosenknospen zusammenstellen. Farbe und Duft dieser Rosen harmonieren am besten mit denen des echten Lavendels.

Neben diesen Duftquellen kann man den Duft auch mit Duftlämpchen, in die man einige Tropfen Öl füllt, weiträumiger verteilen. Diese Lämpchen werden dort verkauft, wo auch das Öl erhältlich ist. Man kann nach eigenen Vorlieben Mischungen zusammenstellen und sommerliche oder winterliche Duftnoten verwenden: Mit fünf Tropfen Bergamotte-Öl, fünf Tropfen Eisenkraut-, zwei Tropfen Geranien- und zwei Tropfen Lavendelöl erhält man einen frischen, leichten Duft, der im Sommer sehr angenehm riecht. Im Winter verbreiten fünf Tropfen Mandarinenöl, vier Tropfen Zimtöl und vier Tropfen Lavendelöl einen warmen Duft und sorgen für eine behagliche Atmosphäre.

Blaue Stille, blaue Sehnsucht

Die Kunst des Straußbindens, das Flechten der *Fusettes* oder die Herstellung der bestickten Lavendelsäckchen ist eine Fertigkeit aus vergangenen Zeiten, die über Generationen in vielen Stunden fleißiger Arbeit erworben wurde. Wenn man Lavendel zu Zimmerschmuck verarbeiten möchte, sollte man sich Zeit nehmen, die Gedanken schweifen

Rechte Seite: Lavendelblüten dienen als Duftspender in Wäscheschränken. Bestickter Lavendelbeutel von Edith Mézard im Château de l'Ange in Goult, im Lubéron.

Unten: Eine *Fusette* erfüllte früher den gleichen Zweck.

lassen, während die Finger über das Leinen gleiten oder Satinbänder um die Lavendelstängel knoten...

Die Tradition des Flechtens von *Fusettes* aus Lavendelstängeln ist mittlerweile so gut wie verloren gegangen, da sie viel Zeit in Anspruch nimmt und sehr sorgfältiges Arbeiten verlangt. Mit flinken Fingern verflochten die Provenzalinnen lange Lavendelstängel, die frisch sein mussten, damit sie nicht brachen. Die *Fusettes* konnten somit nur zur Erntezeit hergestellt werden. Mit einem Bastband wurden etwa 30 Blütenstängel knapp unterhalb der Blüten zusammengebunden. Die Stängel wurden vorsichtig über die Blüten gebogen und geflochten. Dabei dienten die Lavendelstängel als Kette und malvenfarbene oder violette Bänder als Schuss. Diese wurden abwechselnd über und unter den Stängeln hindurchgewebt.

Wie die Lavendelfläschchen, so wurde auch handbestickte Wäsche zur Ausnahme. Edith Mézard stickt in ihrem Atelier noch mit der Hand, und Familien, die Wert auf schöne Wäsche legen, bestellen bei ihr die Aussteuer für ihre Kinder. Auf weißes oder farbiges Leinen gestickt, gibt es hier blauen Lavendel in den vier Ecken einer Tischdecke oder weißen Lavendel von großer Feinheit auf grauem Leinen. Geschickte Näherinnen können ihre Wäsche selbst besticken und mit dem filigranen Motiv dieser Pflanze verschönern. In Handarbeitsläden werden hübsche Vorlagen rund um das Thema Lavendel angeboten – Sträuße, Alphabete und andere reizvolle Motive nach alten botanischen Bildtafeln.

Wie Sticken ist auch Schreiben eine Tätigkeit, die viel Zeit braucht. „... wie ich [sie] gestern Morgen in einem von der Zeit vergilbten Manuskript gelesen habe, das köstlich nach getrocknetem Lavendel duftete und lange Marienfäden als Lesezeichen hatte." Diese Anfangszeilen aus Alphonse Daudets *Das Maultier des Papstes* wecken die Lust am Schreiben. Warum lassen wir nicht einige Lavendelzweige in unseren Lieblingsbüchern oder in einer Schachtel mit malvenfarbenem oder blauem Briefpapier trocknen? Man kann sogar violette Tinte mit einigen Tropfen Öl parfümieren. Solche Briefe werden nicht unbeachtet bleiben, vor allem, wenn einige Blüten herausrieseln, sobald der Empfänger seine lavendelfarbene Post öffnet!

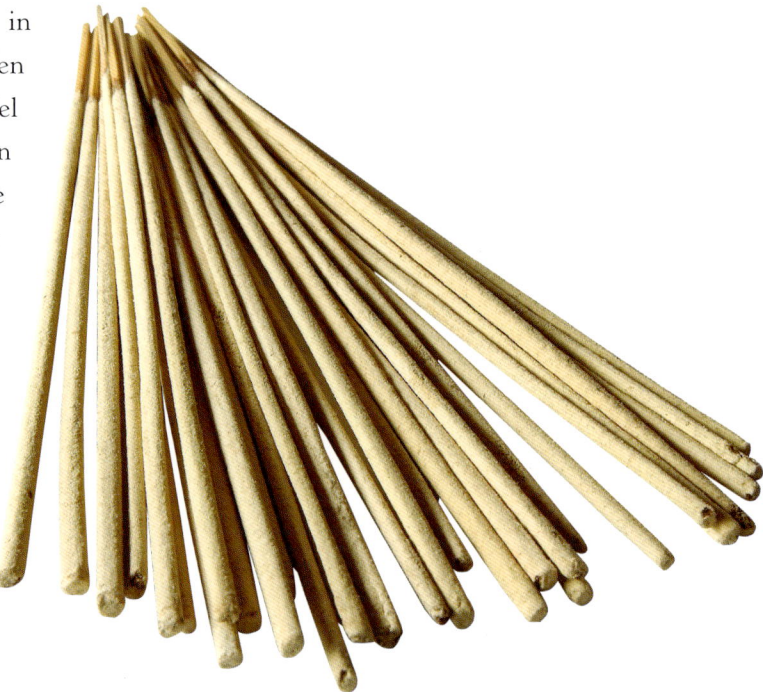

Rechte Seite: Um dieses wunderbare gedrehte Bukett zu binden, benötigt man drei kleine Lavendelsträuße *super-bleue*, eine Hand voll Getreideähren und ... geschickte Hände.

Unten: Räucherstäbchen mit Lavendelduft.

Lavendel in der Küche

Zwei Möglichkeiten, den Duft des Lavendels in Speisen zu genießen ...

Linke Seite: Lavendelgelee, ein Schritt bei der Vorbereitung der Lavendelblütenmousse.
(Rezept Seite 115)

Unten: aromatisiertes Lavendelöl.
(Rezept Seite 105)

Rot, Grün, Orange ... viele Farben lassen sich essen! Aber wer hat jemals eine malvenfarbene Frucht oder ein blaues Gemüse verspeist? Die blaue Farbe ist an Obst- und Gemüseständen eher selten anzutreffen und steht vielmehr für ungenießbare Nahrungsmittel. Die Farbe des Lavendels scheint also nicht für unsere Teller geeignet, aber essbare Blüten sind in Mode, und der Feinschmecker von heute verspeist mit Genuss Kapuzinerkresse, Ringelblumen und Lavendel ... Wenn man es wagt, die kleine blaue Blume in das kulinarische Repertoire aufzunehmen und sie mit Fingerspitzengefühl zu verwenden, würzt sie sommerliche Speisen und winterliche Gerichte diskret, elegant und exklusiv.

Lavendel sollte vorsichtig wie ein Gewürzkraut verwendet und sparsam dosiert werden, denn „sein starker Duft kann alle unsere Sinne betäuben", erklärt Yves Gattechaud, Gastronom in der Provence. Er bietet seit Jahren ein Menü an, das ganz dem delikaten Geschmack des Lavendels gewidmet ist. „Am besten verwendet man feinen Lavendel. Lavandin riecht oft zu sehr nach Kampfer, und diesen Geruch verbinden die meisten von uns eher mit Medizin als mit Tischfreuden. Außerdem erhält Lavandin durch Hitze schnell einen etwas bitteren Geschmack."
Eine Ausnahme bildet die Verwendung von Lavandin für Konfitüren, denen die Blüten nach dem Kochen zugefügt werden, kurz bevor sie in Gläser gefüllt werden. Lavendelöl dagegen ist in der Küche aufgrund der starken Aromen streng untersagt, zumindest solange dies nicht von einem mutigen und erfindungsreichen Küchenchef empfohlen wird.
Die erforderliche Menge hängt, ebenso wie die Zeit, die ein Kräutertee zum Ziehen benötigt, jeweils vom Geschmack des Einzelnen und von der Qualität des verwendeten Lavendels ab. In getrockneter Form ist die Blüte für alle Gerichte geeignet, aber im Sommer wäre es schade,

Lavendel im Haus

auf den unvergleichlichen Geschmack frisch geschnittenen Lavendels zu verzichten. Ob getrocknet oder frisch, man muss darauf achten, Lavendel aus dem Garten oder aus biologischem Anbau zu verzehren, da beim Lavendelanbau die Verwendung in der Küche nicht berücksichtigt wird und die Blüten oft mit Spuren von Pestiziden und Dünger belastet sind.

Salziger Lavendel, süßer Lavendel

Die Aromen des Lavendels können auf vielfältige Weise eingefangen und entdeckt werden. Zum Beispiel kann man die Blüten einige Minuten in heißer Milch oder Sahne ziehen lassen. Milch und Sahne sollten nicht kochen, sonst schmeckt die Mischung bitter. Um den gewünschten Geschmack zu erhalten, kostet man diese Zubereitung zuerst nach drei, dann noch einmal nach fünf Minuten. Vor der Verwendung wird die duftende Flüssigkeit abgeseiht.

Eine andere Methode besteht darin, die Blüten direkt in ein Rezept einzuarbeiten. Um z. B. Fleisch zu würzen, fügt man die Blüten im Moment des Ablöschens hinzu, ein kleiner Schuss guten Essigs gleicht die Würze aus und kompensiert den süßen Geschmack des Lavendels. Der Duft des Lavendels passt besonders gut zu Lamm, Zicklein, Kaninchen oder Hühnchen.

Für sommerliche Grillgerichte eignet sich eine Mischung aus vier Fünfteln Thymianblüten und einem Fünftel Lavendelblüten oder aus Olivenöl mit Thymian, Zitrone und Lavendelblüten hervorragend. Diese Mischungen bieten eine unerwartete Abwechslung zu den klassischen Gewürzen.

Um einen süßeren Geschmack zu erhalten, kann man Lavendelhonig verwenden, dessen Duftstoffe sich beim Kochen nicht verflüchtigen, sondern sich erst dann entfalten. Für die Wahl eines guten Honigs ist es wichtig, zu wissen, dass er einige Wochen nach der Abfüllung kristallisiert und sämig, fast cremig wird. Charakteristisch sind die feine Konsistenz auf der Zunge und das Lavendelblütenaroma. Farblich variiert er zwischen weiß und goldgelb. Sein Geschmack ist leicht säuerlich, und sein Aroma explodiert auf der Zunge. Bei flüssigem Honig ist es wahrscheinlich, dass er nach der Kristallisation erhitzt wurde, dadurch kann der charakteristische Geschmack teilweise verloren gehen.

Rechte Seite: Nur die frische oder getrocknete Lavendelblüte findet in der Küche Verwendung.

Unten: Zusammen mit sonnengereiften Früchten, wie der Feige oder hier dem Pfirsich, würzt der Lavendel eine Konfitüre oder eine Tarte mit seinem zarten Duft.

Tomatengelee mit Lavendel und Kräuterbeignets

Für 4 Personen

FÜR DAS GELEE
1 kg aromatische Tomaten oder grüne Tomaten
2 Blatt Gelatine oder 4 g Agar-Agar
1 TL frische Lavendelblüten

FÜR DIE LAVENDELVINAIGRETTE
500 ml Weißweinessig
1 TL frische Lavendelblüten
1 Hand voll rote Beeren
500 ml Olivenöl
200 ml Wasser
2 Tropfen Lavendelöl
Salz und Pfeffer

FÜR DIE BEIGNETS
60 g Mehl
10 g Speisestärke
7 g Hefe
ca. 12 cl eiskaltes Wasser
einige frische Salbeiblätter
einige Thymianblüten
einige Lavendelrispen
Frittieröl

Für den Beignetteig Mehl, Stärke und Hefe in einer Tonschüssel mischen, nach und nach Wasser zugeben, bis eine dicke Creme entsteht. Den Teig bei Zimmertemperatur abgedeckt ca. 1 Stunde ruhen lassen.

Inzwischen das Tomatengelee zubereiten. Tomaten kurz mit kochendem Wasser überbrühen, häuten, entkernen und im Mixer zerkleinern. Das Tomatenpüree in einen tiefen Topf geben, die zuvor in etwas Wasser eingeweichte Gelatine und die Lavendelblüten zugeben. Bei mäßiger Temperatur erhitzen, nicht kochen lassen. Die heiße Masse durch ein Sieb streichen, die Blüten entfernen; in kleine Schälchen füllen, im Kühlschrank mindestens 1 Stunde kühl stellen.

Für die Vinaigrette den Essig zum Kochen bringen, vom Herd nehmen und Lavendelblüten, rote Beeren, Olivenöl und Wasser zugeben. Salzen, pfeffern und auskühlen lassen.

Kurz vor dem Servieren die Kräuter in den Beignetteig geben und in auf 180 °C erhitztem Öl goldbraun ausbacken. Auf Küchenkrepp abtropfen lassen.

Die Beignets mit dem Tomatengelee anrichten; die Vinaigrette separat dazu servieren.

Ein leichtes und sommerliches Rezept von Yves Gattechaud.

Vorspeisen

Lauchtarte aus dem Lubéron

Für 4 Personen
½ l süße Sahne
1 EL getrocknete Lavendelblüten
4 Stangen Lauch
30 g Butter
Salz und Pfeffer
3 Eier

FÜR DEN MÜRBETEIG
150 g Mehl
1 Prise Salz
75 g kalte Butter
2 EL Wasser

Die Sahne in einem Topf erhitzen. Kurz bevor sie kocht, Lavendelblüten zufügen, vom Herd nehmen und 5–7 Minuten ziehen lassen.

Den Lauch waschen und in feine Ringe schneiden, bei milder Hitze in Butter ca. 10 Minuten dünsten. Salzen und pfeffern.

In einer Schüssel die Eier schaumig schlagen, die vorher durchgesiebte Lavendelsahne zugeben. Lauch darunter mischen.

Für den Mürbeteig Mehl, Salz, Butter und Wasser in einer Schüssel mit den Fingern mischen und rasch durchkneten. Zur Kugel formen, in Frischhaltefolie einschlagen und im Kühlschrank 20 Minuten ruhen lassen.

Den Teig ausrollen und den Boden einer Tarteform damit belegen, den Rand etwas hochziehen; die Lauchmischung darüber gießen.

Bei mittlerer Hitze (180–190 °C) im Backofen 20 Minuten backen. Lauwarm servieren.

Rezept aus dem Buch von Olivier Etcheverria, *La Lavande, dix façons de la préparer (Zehn Arten, Lavendel zuzubereiten).*

Geeistes Melonensüppchen mit Olivenöl und Lavendelblüten ▸

Für 4 Personen
4 Melonen (Cavaillonmelonen)
3 EL Olivenöl aus Nyons
(Olivenöl „nativ extra")
1 TL frische Lavendelblüten
Salz und Pfeffer

Die oberen Drittel der Melonen abschneiden, Kerne entfernen, dann mit einem Kugelausstecher ca. 20 Kugeln ausstechen.

Den Rest des Melonenfleisches mit Olivenöl fein pürieren und die leeren Melonenschalen in den Kühlschrank geben.

Die Lavendelblüten zu der Melonen-Öl-Mischung geben; falls die Suppe zu dick ist, mit etwas Wasser verdünnen, salzen und pfeffern.

Um einen besonderen geeisten Effekt zu erzielen, die Masse 1 Stunde in die Gefriertruhe geben. In den gekühlten Melonenschalen servieren, auf einem Bett aus Eiswürfeln anrichten und mit den Melonenkugeln dekorieren.

Variante: nur 3 Melonen verwenden und das „Süppchen" in hohen Gläsern servieren.

Rezept von Bénédicte Appels, *La Maison du Moulin à Grignan.*

Tauben und Kirschen vom Mont Ventoux à la lavande

Für 4 Personen
2 Tauben
Salz und Pfeffer
30 g Butter
1 EL Olivenöl
500 g Kirschen
1 EL frische Lavendelblüten
20 ml Sherry-Essig
20 ml Marc de Provence
(provenzalischer Tresterschnaps)

Die Tauben salzen und pfeffern, in Butter und Öl in einem flachen gusseisernen Schmortopf ca. 10 Minuten von allen Seiten goldbraun anbraten, herausnehmen, dann halbieren und warm stellen.
Im Bratensaft rasch die entkernten Kirschen andünsten und mit einigen Lavendelblüten bestreuen. Den Sherry-Essig und Marc de Provence dazugießen. Die Kirschen kurz flambieren. Danach Temperatur reduzieren und die Tauben zugeben. 2 Minuten in den Kirschen aufwärmen, mit gedämpften Bohnen servieren.
Rezept von Yves Gattechaud.

◂ Lavendelpoularde

Für 6 Personen
8 Teile von der Poularde
1 EL Olivenöl
40 g Butter
8 Schalotten
2 EL Mehl
150 ml Hühnerfond
150 ml Rotwein
Salz und schwarzer Pfeffer
4 kleine Zweige Rosmarin und wenn möglich einige Thymianblüten
2 TL getrocknete Lavendelblüten

In einem gusseisernen Topf die Hühnerteile in Öl und der Hälfte der Butter von allen Seiten goldbraun anbraten, herausnehmen und zur Seite stellen. Die Schalotten in dem Bratenfett andünsten und ebenfalls herausnehmen und zur Seite stellen. Die restliche Butter zerlassen, das Mehl darin anschwitzen und nach und nach Hühnerfond und Rotwein zugießen, und gut rühren, bis eine sämige Béchamelsauce entsteht. Die Sauce salzen und pfeffern, die Poulardenteile hineingeben, Schalotten, Rosmarin, Thymian und Lavendel zufügen. Bei milder Hitze (180 °C) 30 Minuten im Ofen garen.
Mit Basmatireis servieren.

Fleischgerichte

Zicklein mit Lavendel

Für 4 Personen
1 entbeinte Zickleinkeule (etwa 800 g)
Salz und Szechuan-Pfeffer
(chinesischer Pfeffer)
50 ml Marc de Provence
(provenzalischer Tresterschnaps)
8 Lavendelzweige
2 Zweige Feldthymian oder
blühender Thymian
100 ml Olivenöl
4 Scheiben Weißbrot
(Pain de campagne)
3 Knoblauchzehen

Das Innere der Keule kräftig salzen und pfeffern, mit Marc de Provence begießen. Die Keule mit Lavendel und Thymian füllen, mit Küchengarn umwickeln, außen gleichmäßig mit Olivenöl bestreichen. Die Keule am besten 40 Minuten im Ofen am Spieß braten (200 °C) und regelmäßig mit dem entstehenden Bratensaft übergießen.
Nach der Hälfte der Garzeit die Brotscheiben zusammen mit den Knoblauchzehen auf die Fettpfanne legen, damit sie den Bratensaft auffangen.
Mit La-Ratte-Kartoffeln (kleine ovale Kartoffelsorte, ersatzweise Bamberger Hörnchen) servieren.

Lammkeule mit Lavendelhonig

Für 4 Personen
1 Lammkeule von etwa 2 kg
50 ml Olivenöl
Salz und Szechuan-Pfeffer
(chinesischer Pfeffer)
1 EL Thymian- und Lavendelblüten
gemischt
500 g Schalotten
3 EL Lavendelhonig

Die Lammkeule mit Olivenöl bestreichen, mit Salz und Pfeffer würzen und mit Blüten bestreuen. Die Keule auf den Rost über die Fettpfanne in den vorgeheizten Backofen (180 °C) legen, nach 10 Minuten die Temperatur reduzieren (150 °C). 50 Minuten braten, dabei oft übergießen, soll das Fleisch noch „rosé" sein, nur 40 Minuten braten.
Nach der Hälfte der Garzeit die Schalotten in die Fettpfanne geben. 10 Minuten vor Ende der Garzeit den Grill anstellen, die Keule mit Honig bestreichen und karamellisieren lassen.
5 Minuten zusätzlich bei geöffneter Ofentür ziehen lassen.
Die Keule schmeckt köstlich mit entkernten halbierten Aprikosen, die leicht gepfeffert in etwas Butter angebraten werden.

Lammnieren nach Sisteroner Art ›

Für 2 Personen
6 Nieren
100 ml mit Lavendel aromatisiertes
Olivenöl (Rezept Seite 105)
Holzspießchen für den Grill
einige frische Lavendelblüten
Salz und Pfeffer

Die Nieren halbieren, mit einem spitzen Messer das Fett aus dem Inneren der Nieren entfernen. Mit aromatisiertem Öl übergießen und bei Raumtemperatur 1 1/2 bis 1 Stunde ruhen lassen. Die Nieren auf die Holzspieße stecken, mit Lavendelblüten bestreuen und auf gut durchglühter Holzkohle oder auf dem Elektrogrill von jeder Seite 2 Minuten grillen.
Salzen und pfeffern, mit hausgemachten Nudeln servieren.

Lavendelbutter

Für 140 g Butter
125 g Butter
1 EL frisch gepresster Zitronensaft
1 EL fein gehackter Schnittlauch
1 EL fein gehackter Kerbel
2 TL frische Lavendelblüten

Butter im Wasserbad oder in der Mikrowelle bei geringer Temperatur erhitzen. Mit einer Gabel die Butter mit dem Zitronensaft, den fein gehackten Kräutern und den Lavendelblüten mischen. In Aluminiumfolie zu einer Rolle formen und im Kühlschrank einige Stunden ruhen lassen. Die Lavendelbutter zu gedämpftem Gemüse servieren.

Zwiebelconfit mit Lavendelhonig

Für 4 oder 5 Gläser à 500 ml
1,5 kg neue kleine Zwiebeln
500 g säuerliche Äpfel
1 unbehandelte Zitrone
1 Knoblauchzehe
1 Schalotte
300 ml Wasser
350 ml Rotweinessig
1 TL gemahlener Zimt
4 EL Lavendelhonig
Salz und Pfeffer

Die Zwiebeln schälen und halbieren. Die Äpfel schälen, das Kernhaus entfernen und die Früchte in kleine Würfel schneiden. Zitronenschale reiben und den Saft auspressen. Knoblauch und Schalotte grob hacken. Alle Zutaten mit dem Wasser in einen beschichteten Topf geben und bei mäßiger Hitze 20 Minuten dünsten. Die Hälfte des Essigs dazugeben und weitere 20 Minuten bei mäßiger Hitze einkochen lassen. Den restlichen Essig, Zimt und Honig zugeben. Mischen und weitere 20 Minuten unter ständigem Rühren dünsten, bis eine homogene Masse entsteht. Diese mit Salz und Pfeffer abschmecken und heiß in die vorbereiteten Gläser füllen, so kann sie mehrere Monate aufbewahrt werden.
Kalt zu Lammkeule oder Schweinebraten servieren.

Sauce nach Lavendelbauernart

Für 400 ml Sauce
300 ml Geflügelbrühe
6 fein gehackte Schalotten
1 EL getrocknete und zerriebene Lavendelblüten
Salz und Pfeffer

Geflügelbrühe, die Schalotten und die Lavendelblüten in einen gusseisernen Topf geben. Sanft köcheln lassen, bis die Schalotten glasig sind, und mit Salz und Pfeffer abschmecken. Diese Sauce heiß zu Kalbsbraten oder Schweinebraten servieren.
Altes Rezept aus der Gegend um Forcalquier in den Alpes-de-Haute-Provence.

Saucen und Beilagen

Aromatisiertes Lavendelöl ▲

Für eine 500-ml-Flasche
500 ml Olivenöl „nativ extra"
einige Zweige Zitronenthymian
2 TL Lavendelblüten

Das Öl und die Kräuter in eine dekorative Flasche geben, vor Licht geschützt etwa 2 Wochen ruhen lassen. Zu Grillgerichten wie Lammkoteletts, Nieren, Würstchen verwenden.

Weinsauce mit schwarzen Johannisbeeren und Lavendel

Für 200 ml Sauce
150 ml trockener Weißwein
1 Hand voll schwarze Johannisbeeren
2 TL frische Lavendelblüten
1 Prise Speise- oder Kartoffelstärke
Salz und Pfeffer

Den Bratensatz in der Pfanne, in der das Fleisch, zu dem diese Sauce serviert wird, gebraten wurde, mit Weißwein ablöschen. Mit einem Kochlöffel den Bratensatz lösen, die Beeren zugeben. Bei starker Hitze aufkochen lassen, mit etwas Wasser verdünnen. Lavendelblüten zugeben und mit Speise- oder Kartoffelstärke binden, mit Salz und Pfeffer abschmecken.
Diese Sauce heiß zu Lammkeule oder zu Entenbrust servieren.
Rezept von Yves Gattechaud.

Lavendelgelee

Für 4 Gläser à 500 ml
1,8 kg nicht zu reife Äpfel
2 EL frische Lavendelblüten
1,5 l Lavendelwasser (Hydrolat)
1,3 kg Zucker
einige frische Lavendelblüten zur Dekoration

Die Äpfel schälen und in grobe Stücke schneiden. Kernhaus und Kerne in ein Gaze-Säckchen geben, mit den Äpfeln mitkochen, dann herausnehmen. Das Pektin der Kerne unterstützt das Gelieren. Apfelstücke, Lavendelblüten und Hydrolat in einen Einmachtopf oder großen Kochtopf geben und bei hoher Temperatur kochen, bis die Masse sehr weich ist. Ein großes Sieb mit einem Passiertuch auslegen und auf eine Schüssel setzen. Das Püree in das Passiertuch geben, leicht durchdrücken und abtropfen lassen. Den Saft dabei in einem Topf sammeln. Die erhaltene Flüssigkeitsmenge abmessen und 1 kg Zucker auf 900 ml Saft zugeben, zum Kochen bringen. Das Gelee ist fertig, wenn ein Tropfen Gelee auf einem kalten Teller fest wird. Heiß in die Gläser füllen, einige Lavendelblüten zur Dekoration dazugeben. Dieses Gelee schmeckt wie Quittengelee besonders gut auf getoastetem Brot.
Tipp: die Masse am besten über Nacht abtropfen lassen.

‹ Heißes und Kaltes von der Feige mit Lavendelhonig

Für 4 Personen
18 violette Feigen
1 EL Puderzucker
1 Vanilleschote, aufgeschlitzt
1 Zimtstange
2 EL Lavendelhonig
300 ml Rotwein
250 ml Vanilleeis

Feigen in einen gusseisernen Topf geben, überzuckern, Vanilleschote und Zimtstange beigeben, mit Honig übergießen. Bei milder Hitze 30 Minuten köcheln lassen. Rotwein zugeben, weitere 30 Minuten bei milder Hitze einkochen. Vanilleschote und Zimtstange entfernen. Die Feigen lauwarm mit einer Kugel Vanilleeis in tiefen Tellern servieren.

Desserts und Leckereien

Himbeerkonfitüre mit Lavendel

Für 4–5 Gläser à 500 ml
2 kg Himbeeren
1 kg feinster Zucker
1 EL Zitronensaft
2 EL frische Lavendelblüten

Himbeeren nicht waschen, nur verlesen und mit der Hälfte des Zuckers in eine Schale geben. Mit einem Tuch bedecken und eine Nacht bei Raumtemperatur ziehen lassen. Am nächsten Tag den entstandenen Saft mit dem restlichen Zucker unter ständigem Rühren zum Kochen bringen und zu Sirup einkochen. Die Himbeeren und den Zitronensaft in diesen Sirup geben, 15 Minuten kochen lassen, Schaum abschöpfen. Vom Herd nehmen, Lavendelblüten unterrühren, in die Gläser füllen und diese verschließen.

Pfirsichkonfitüre mit Lavandin ›

Für 8 Gläser à 500 ml
3 kg Pfirsiche
3 kg feinster Zucker
1 kleiner Strauß Lavandinblüten

Die Pfirsiche blanchieren, die Haut abziehen, entkernen und in kleine Stücke schneiden. Früchte und Zucker bei Raumtemperatur 3 Stunden durchziehen lassen. In einem großen Topf zum Kochen bringen, bei hoher Temperatur 30 Minuten unter ständigem Rühren kochen lassen. In jedes Einmachglas 3 Blütenrispen geben, dann die noch kochende Konfitüre einfüllen und sofort verschließen.

Lavendeläpfel

Für 4–6 Personen
1 kg kleine geschälte Herbstäpfel
90 g Puderzucker, in 100 ml Wasser aufgelöst
10 g Puderzucker zum Bestäuben der Äpfel
1 Zimtstange
1 TL getrocknete Lavendelblüten
30 ml Rum

Die geschälten Äpfel übereinander in einen breiten Topf schichten, mit Zuckerwasser übergießen, restlichen Zucker, Zimt und Lavendelblüten darüber geben. Zugedeckt bei milder Hitze kochen, bis die Äpfel weich sind. Die Äpfel aus dem Topf nehmen und die Sauce zu Sirup einkochen lassen. Die Äpfel in 2–3 Schichten in eine Form geben und gut festdrücken. Mit Sirup übergießen, mit Rum flambieren.
Passt hervorragend zu einem einfachen Rührkuchen oder zu Biskuitgebäck.

Erdbeersüppchen mit Lavendel

Für 4 Personen
800 g Erdbeeren
50 g Zucker
30 ml Kirschwasser
2 TL frische Lavendelblüten

Erdbeeren, Zucker und Kirschwasser in eine große Schüssel geben, die Lavendelblüten darüber streuen. 24 Stunden abgedeckt an einem kühlen Ort ziehen lassen, kühl servieren.

Aprikosen mit Lavendelhonig ›

Für 4 Personen
8 Aprikosen
8 EL Lavendelhonig
250 ml Pistazieneis
Lavendelzucker (Rezept Seite 113)

Das Backrohr auf 150 °C vorheizen. Die Aprikosen halbieren und entkernen. Auf jede Aprikosenhälfte 1 EL Lavendelhonig geben und bei mittlerer Hitze (180 °C) 10–15 Minuten im Backofen schmoren. Lauwarm mit einer Kugel Pistazieneis servieren, eventuell mit Orangenzucker oder Lavendelzucker dekorieren.

Pfirsichtarte mit Lavendelblüten

Für 4 Personen
4 Pfirsiche
1 TL getrocknete Lavendelblüten
75 g klein gewürfelte Butter
75 g Zucker

FÜR DEN MÜRBETEIG
150 g Mehl
1 Prise Salz
75 g kalte Butter
2 EL Wasser

Pfirsiche schälen, halbieren und entkernen. Die Lavendelblüten zerreiben. Die Hälfte der Butter in einer runden Kuchenform verteilen, Lavendelblüten darüber streuen und gleichmäßig mit einem Teil des Zuckers bestreuen. Pfirsiche mit der runden Seite nach unten einschichten. Die restliche Butter und den restlichen Zucker darüber geben, Pfirsiche bei milder Hitze im Ofen karamellisieren lassen.
Für den Mürbeteig Mehl, Salz, Butter und Wasser mit den Fingern verreiben und rasch zu einem Teig kneten. Zu einer Kugel formen, in Frischhaltefolie einschlagen und im Kühlschrank 20 Minuten ruhen lassen.
Den Backofen auf 150 °C vorheizen. Den Teig über die Pfirsiche legen, dabei die Ränder gut andrücken. Bei mittlerer Hitze (180–190 °C) 25–30 Minuten backen. Kuchen auf eine Platte stürzen und lauwarm servieren.

Orangen-Lavendelzucker

Für 4–6 Personen
200 g zerlassene Butter
450 g Puderzucker
Saft von 2 Orangen
2 TL getrocknete Lavendelblüten

Die zerlassene Butter, Puderzucker, Orangensaft und Lavendelblüten zu einer Creme verrühren, einige Minuten abkühlen lassen und auf ein beschichtetes Blech streichen. Bei 200 °C im Backofen 6–7 Minuten backen, bis die Masse karamellfarben wird. Aus dem Ofen nehmen. Den Orangen-Lavendelzucker abkühlen lassen. Bevor die Masse hart wird, mit einer Spachtel vom Blech nehmen und in kleine Stücke portionieren. Diese über einem Wellholz wie Hippen biegen. Auskühlen lassen und mit Eis oder Schokoladenkuchen servieren.
Rezept von Claude Broquin, Konditor in der Hostellerie du Val de Sault.

Karamellisierte Lavendelblüten

Für 300 g Lavendelblüten
30 g Glukosesirup
250 g Zucker
120 ml Wasser
1 Strauß frische Lavendelblüten

In einer beschichteten Pfanne eine helle Karamellmasse aus Glukose, Zucker und Wasser herstellen. Vom Herd nehmen, eine Blütenrispe nach der anderen in die Masse tauchen und auf Pergamentpapier trocknen lassen.
In gut verschließbaren Dosen aufbewahren und als Dekoration für Desserts verwenden.

◂ Geeister Nougat mit Lavendelhonig

Für 4 Personen
75 g gehobelte Mandeln
75 g kandierte Früchte
125 g sehr kalte süße Sahne
30 g Zucker
3 EL Lavendelhonig und 2 EL extra für die Glasur
2 TL Wasser
3 Eiweiß
einige frische Lavendelblüten für die Dekoration

Die Mandeln ohne Fett in einer beschichteten Pfanne hell rösten. Die kandierten Früchte sehr fein hacken. Sahne steif schlagen und zuckern. Den Honig im Wasser schmelzen, kurz aufkochen lassen. Das Eiweiß zu steifem Schnee schlagen, abschließend vorsichtig den heißen Honigsirup unterziehen. Die Mandeln, die kandierten Früchte und die Sahne unterheben, umrühren. Die Masse in kleine Förmchen füllen, 1 Stunde in die Tiefkühltruhe geben. Mit etwas Honig anrichten (Lavendelhonig ist oft cremig, im Wasserbad erwärmt wird er flüssig). Mit frischen Lavendelblüten dekorieren.

Honig-Lavendeleis

Für 4 Personen
600 ml süße Sahne
6 frische Lavendelrispen
4 Eigelbe
30 g Zucker
2 EL Lavendelhonig

300 ml Sahne aufkochen lassen, vom Herd nehmen, die Blüten einige Minuten darin ziehen lassen. Eigelbe und Zucker schaumig schlagen. Die Sahne nochmals aufkochen lassen, absieben und unter Rühren in die Eiermasse geben. Diese Masse in einen Topf füllen und bei milder Hitze mit einem Kochlöffel so lange rühren, bis sie sehr sämig ist. Den Honig zugeben, gut unterrühren und abkühlen lassen. Die restliche Sahne schlagen und unter die Lavendelcreme heben. In die Eismaschine geben. Mit Lavendelblüten dekorieren.

Pfirsichsorbet mit Lavendel

Für 4 Personen
1,5 kg Pfirsiche (Weinbergpfirsiche)
30 g getrocknete Lavendelblüten
200 g Zucker
450 ml Wasser

Pfirsiche blanchieren, häuten, entkernen und im Mixer pürieren; die Masse sollte etwa 1 Liter Fruchtfleisch ergeben. Die Blüten in ein Mullsäckchen geben und 3 Minuten in dem Pfirsichpüree ziehen lassen, dann herausnehmen. Zucker und Wasser zu einem Sirup einkochen. Die Pfirsiche unter den heißen Sirup mischen, die Masse in die Eismaschine geben.
Rezept von André Sube, Konditor in Vaison-la-Romaine.

Crème brûlée mit Lavendel

Für 4 Personen
500 ml Crème fraîche
4 Eigelbe
100 g Zucker
1 EL getrocknete Lavendelblüten
4 EL brauner Zucker

Die Crème fraîche aufkochen lassen, vom Herd nehmen. Die Blüten zugeben und 5–8 Minuten ziehen lassen. Wenn der gewünschte Geschmack erreicht ist, absieben. Eigelbe und Zucker schaumig schlagen. Die noch warme Crème fraîche unter ständigem Rühren zugeben. Die Masse in 4 kleinen Förmchen im Wasserbad 30 Minuten in den auf 160 °C vorgeheizten Backofen geben, anschließend auskühlen lassen.
Vor dem Servieren mit braunem Zucker bestreuen und rasch unter dem heißen Grill oder mit einem Bunsenbrenner karamellisieren.

Lavendelblütenmousse ▲

Für 4 Personen
3 Blatt Gelatine oder 6 g Agar-Agar
100 ml Wasser
100 g brauner Zucker
500 ml süße Sahne
2 TL frische Lavendelblüten und einige Blüten für die Dekoration

Gelatine in Wasser und Zucker einweichen. Aufkochen lassen, vom Herd nehmen, Lavendel zugeben und abkühlen lassen. Nach 5–7 Minuten absieben. Die Sahne steif schlagen und unter die lauwarme Masse heben. In kleine Schälchen füllen und 2 Stunden kühl stellen. Vor dem Servieren mit frischen Lavendelblüten dekorieren. Zu dieser Mousse passt ein Aprikosen-Coulis.

Lavendelcreme aus Venaissin

Für 4 Personen
500 ml Sauermilch (vorzugsweise Ziegenmilch)
1 Becher Joghurt
3 EL Crème fraîche
5 EL Lavendelsirup
(siehe nächstes Rezept)
1 EL frische Lavendelblüten

Die Sauermilch glatt rühren, den Joghurt und die Crème fraîche unterrühren. Den Lavendelsirup zugeben, darauf achten, dass die Masse nicht zu süß wird, und in kleine Förmchen füllen. Einige Blüten dazugeben und 24 Stunden kühl ruhen lassen.
Rezept von Claudine Vigier, Käseherstellerin in Carpentras.

Getränke

Aufguss „le Mâle"

Für 4 Personen
500 ml stilles Mineralwasser
2 EL getrocknete Lavendelblüten
5 Blätter frische Minze
1 TL Orangenblütenwasser
1 TL flüssiger Vanilleextrakt
etwas Lavendelhonig zum Süßen

500 ml Mineralwasser aufkochen lassen. Die Lavendelblüten und Minzeblätter darin 10 Minuten ziehen lassen, dann absieben. Das Orangenblütenwasser und den Vanilleextrakt zugeben. Den türkisfarbenen Aufguss mit Lavendelhonig süßen (Abb. Seite 126).
Rezept aus dem Buch *La Lavande, dix façons de la préparer*
***(Der Lavendel, zehn Arten der Zubereitung)* von Olivier Etcheverria.**

Lavendelsirup ▸

Für 1 Liter Sirup
1 Hand voll frische Lavendelblüten
1 l stilles Mineralwasser
250 g Lavendelhonig
(Mengen nach Geschmack abändern)

Die Blüten vom Stängel zupfen. 12 Stunden in Mineralwasser legen, absieben und den Lavendelhonig zugeben. Die Flüssigkeit leicht erhitzen, damit sich der Honig auflöst, und sie anschließend im Kühlschrank aufbewahren. Mit Eis servieren oder mit einer Lavandine du Venaissin (Rezept siehe oben).

Heilmittel gestern und heute

Linke Seite: Lavendel, der Schatz der Pflanzenheilkunde, hat einen besonderen Platz in den Regalen der Heilkräuterläden. Heilkräuterladen an der Place Clichy, Paris.

Unten: Die Schnabelmaske der Ärzte war mit Duftkräutern, u. a. auch mit Lavendel, gefüllt und sollte vor Ansteckung mit der Pest schützen. Pastellmalerei aus dem 18. Jahrhundert.

Seit der Antike sind der Duft und die Heilkraft des Lavendels den Ärzten und Botanikern bekannt. Schon Plinius der Ältere und Dioscurides haben den Speik- und den Schopflavendel in ihren Heilschriften *Naturalis historia* und *De materia medica* erwähnt und betrachteten beide als wertvolle Heilpflanzen. Seit dem Mittelalter gilt der Lavendel als wahres Wundermittel. In dieser finsteren Zeit, in der Pest und Cholera wüteten, blieben Arbeiter, die in der Parfumherstellung tätig waren, vor Ansteckung weitgehend geschützt. Das verdankten sie den antiseptischen, bakterien- und sogar Viren tötenden Eigenschaften der ätherischen Öle, die sie für die Herstellung rein natürlicher Parfums benutzten. Die Parfums auf Lavendelbasis beugten wirksam der Ansteckung vor.

Ein Wundermittel

Die Anekdote „Der Essig der vier Diebe" erlangte Legendenstatus. Sie spielt während der Pest, die zwischen 1628 und 1632 Frankreich heimsuchte. Vier Ganoven überfielen bewusst Pestkranke, ohne dabei eine Ansteckung zu fürchten. Die Archive des Parlaments von Toulouse berichten über diese Geschichte und liefern ein Zeugnis vom Erstaunen der Richter gegenüber einer solchen Dreistigkeit in Zeiten der Epidemie: „Vier Diebe waren davon überzeugt, dass sie unbeschadet und ohne Ansteckung blieben, wenn sie Pestkranke in ihren Betten erdrosselten und anschließend deren Häuser ausraubten." Die raffinierten Diebe verrieten, dass sie ihre Körper mit einer Mixtur auf der Basis von Gewürzpflanzen einrieben. Sie gaben sogar die Rezeptur preis: Lavendel, Absinth, Rosmarin, Salbei, Minze und Raute, alles zu gleichen Teilen in Kampferessig mazeriert.
Im 18. Jahrhundert wurde der so genannte Theriak des Krankenhauses von Carpentras als unfehlbares Heilmittel gegen schwere Krankheiten

angesehen. In der Rezeptur wurden bis zu 45 verschiedene Stoffe verarbeitet, die selten und wertvoll waren, u. a. Florentiner Iris, Ingwer, Kardamom, Pfeffer, Zimt, Opium, Indische Narde ... Pflanzen, zu denen man vor Ort angebauten Safran, Fenchel und vor allem Lavendel mischte. Diese Mischung wurde mit spanischem Wein und Honig aus Narbonne angesetzt. Der Theriak wurde einmal im Jahr zubereitet, geweiht und in einer großen Zeremonie der örtlichen Bevölkerung vorgestellt, die ihn als Wundermittel ansah. Anschließend verwendete man ihn nur für Schwerkranke, und manchmal führte er zu scheinbar wunderbaren Heilungen. So wurde der Lavendel über die Jahrhunderte verherrlicht und erwarb sich den Ruf einer Heilpflanze. Im 19. Jahrhundert, bis noch vor nicht allzu langer Zeit, teilten ihr die provenzalischen Bauern den ersten Platz in ihren Arzneimittelschränkchen zu.

Der Lavendel in der Apotheke unserer Großmütter

Die provenzalischen Bauern kannten die Schätze der Natur ihrer Region in- und auswendig und wussten die Wildpflanzen sowohl in der Küche als auch als Heilmittel anzuwenden. Am Ende des 18. Jahrhunderts war die medizinische Verwendung des Lavendels nicht länger wenigen Spezialisten vorbehalten, das Wissen um seine Wirkung wurde über Jahrhunderte von Generation zu Generation weitergegeben. Bis zum Beginn des 20. Jahrhunderts war der wilde Lavendel oft das einzige Heilmittel des provenzalischen Schäfers, der, immer wenn er auf die Sommerweiden zog, mit seinen Tieren viele Monate allein war. Er konnte mithilfe der Lavendelessenz den vom Tragen des Packsattels wunden Esel behandeln, die Wunden oder den Nabel von neugeborenen Lämmern versorgen und so die Heilung fördern. Mit dem ätherischen Öl des Lavendels behandelte der Schäfer auch Vipernbisse an der Schnauze seines Hundes, entfernte damit Zecken oder linderte durch das Auftragen der Essenz das Brennen von Hornissenstichen. Damit die Tiere keine Flöhe bekamen, schliefen sie auf Lavendelstroh, das außer Bienen die meisten Insekten fern hielt.
Im Haus diente das Lavendelöl ebenfalls als Allheilmittel. Auf Verbrennungen aufgetragen, kühlte es, milderte den Schmerz und beschleunigte die Heilung. Lavendelöl wurde außerdem zur Juckreizlinderung angewendet. Auch gegen Läuse zeigte es sich wirksam. Eine Haarwäsche mit anschließender Kopfhautmassage mit Lavendelöl sollte nach 20-minütiger Einwirkzeit mit dem Ausspülen die Läuse verschwinden lassen. Zur Vorbeugung gegen Läuse spülte man die Haare nach der Wäsche mit Lavendelhydrolat.

Links: Vom Mittelalter bis ins 18. Jahrhundert galt der Theriak als Universalheilmittel. Er enthielt Pflanzen, Mineralien und manchmal Schlangenpuder, die in einem Mörser zerrieben wurden. Die Zubereitung war nicht in allen Regionen gleich (hier der venezianische Theriak). In Carpentras bestand ein wesentlicher Teil der Rezeptur aus Lavendel. Manuskript *Growembroch*, 18. Jahrhundert, Bibliothek des Museums Correr, Venedig.

Rechts: Der Apotheker bereitete getrocknete Kräuter, Puder, Öle und Salben auf Pflanzenbasis zu und verkaufte sie, noch bevor Kräuterhändler und Pharmazeuten dies taten. Holzgravur aus *Das Buch der Cirurgia*, Straßburg, 1747.

Ein Tropfen Lavendelöl auf einem Stück Zucker half offensichtlich als Wurmmittel. Im Winter, zur Schnupfen- und Bronchitiszeit, rieben Mütter ihren Kindern einige Tropfen Lavendelöl auf die Brust, bevor sie sie ins Bett brachten. Das Inhalieren von Lavendelblüten, manchmal zusammen mit Thymian, beruhigte die Bronchien schon beim geringsten Husten. Die Mütter wussten auch, dass ihre unruhigen Kinder leichter einschliefen, wenn sie ihnen Lavendelöl auf die Schläfen rieben oder ein Säckchen mit getrocknetem Lavendel unters Kopfkissen schoben. Ältere Menschen massierten mit neutralem Öl vermischtes Lavendelöl auf ihre schmerzenden Gelenke oder verwendeten es, um Verspannungen und Krämpfe zu lindern.

Die medizinische Wirkung des Lavendels bewies sich durch Erfahrungswerte. Man beobachtete die vorbeugende Wirkung, wenn Lavendel als

Stroh für Tiere verwendet wurde, und die schnelle Wundheilung bei den manchmal tiefen Schnittwunden, die die Pflücker früher ihren Händen bei der Arbeit mit der Sichel zufügten.

Ein lebender Schatz

Jüngste Studien zur Wirksamkeit der im Lavendel enthaltenen Moleküle bestätigen die Berechtigung der traditionellen Anwendung. Die Pflanze wirkt antiseptisch, wundheilend, entzündungshemmend, antirheumatisch, entgiftend, Insekten abweisend... Der Lavendel ist völlig unschädlich, und eine äußerliche Anwendung birgt kein Risiko. Eine innere Anwendung, d. h. die Einnahme einer genauen und kontrollierten Dosis von Lavendelöl, darf nur unter Aufsicht eines kompetenten Arztes erfolgen.

Lavendel ist aktueller denn je, besonders durch die Entwicklungen im Bereich der sanften Medizin, die den Gebrauch von pflanzlichen Mitteln befürwortet. In der Pflanzenheilkunde werden die getrockneten Lavendelblüten als Tee oder für Inhalationen verwendet, in der Aromatherapie werden die ätherischen Öle genutzt. Für ein Bad, eine Massage oder einfach nur für eine „große Prise" Lavendelduft wählt man das Öl des echten Lavendels, Speiklavendels oder Lavandins, je nachdem welche Wirkung gewünscht ist: Das Öl des echten Lavendels wirkt beruhigend und sogar leicht euphorisierend, das des Speiklavendels belebend, und das des Lavandins beruhigt und belebt gleichzeitig. Die Wahl des Öls hängt also von der Tageszeit, der Jahreszeit und von den Bedürfnissen jedes Einzelnen ab. Wilder Lavendel ist eher im Winter, Speiklavendel eher im Sommer anzuwenden.

Die Blüten des echten Lavendels und die Phytotherapie

Der Begriff „Phytotherapie" entstand erst im 20. Jahrhundert, aber die Kunst, mit Pflanzen zu heilen – im Altgriechischen bedeutet *phutos* pflanzlich –, begleitet den Menschen seit der Antike. Über Generationen wurden Rezepte auf Lavendelbasis, die von Ägyptern oder Römern, dann von provenzalischen Bauern entwickelt worden waren, verbessert, und einige dieser teilweise 1000-jährigen Heilmittel sind uns bis heute überliefert.

Wenn man heute Lavendelblüten-Tee trinkt oder Lavendel inhaliert, sollte man auf die Art des Anbaus und auf die Lagerung achten. Nur Lavendel aus biologischem Anbau oder aus bestimmten kontrollierten Anbaugebieten trägt die Herkunftsbezeichnung AOC und ist garantiert frei von Schadstoffen. Um die Qualität der Blüten zu erhalten, müssen diese, nachdem sie abgezupft wurden, in einer hermetisch verriegelten

Der Lavendelaufguss ist ein wohlschmeckendes und wirksames Heilmittel unserer Großmütter, vorausgesetzt, man lässt ihn nicht länger als drei Minuten ziehen, sonst wird er bitter.

Dose aufbewahrt werden. Sie sollten vor Licht und Sauerstoff geschützt und jedes Jahr nach der Ernte ausgetauscht werden.

Eine Tasse Tee mit zwei Teelöffeln getrockneten Lavendelblüten erleichtert das Einschlafen und kann die ganze Nacht für einen ruhigen Schlaf sorgen. Der leicht herbe Geschmack dieses Aufgusses verschwindet, wenn man mit Lavendelhonig süßt. Dadurch schmeckt der Tee noch aromatischer und wirkt beruhigender.

Ein Aufguss aus getrockneten Lavendelblüten, Melisseblättern und Majoran ist ideal nach einer Mahlzeit, denn er fördert die Verdauung. Man lässt jeweils einen Teelöffel pro Pflanze fünf Minuten ziehen. In der Erkältungszeit hilft es, mit echtem Lavendel und Eukalyptusblüten zu inhalieren – beides sind keimtötende Pflanzen. Dieses ganz einfache Rezept unserer Großmütter ist von äußerster Wirksamkeit. Dafür gibt man einen Esslöffel Lavendelblüten und einen Esslöffel getrocknete Lavendelblätter in eine große Schale mit heißem Wasser und atmet den heißen Dampf unter einem Handtuch ein.

Ätherische Lavendelöle und Aromatherapie

Die ätherischen Öle des echten Lavendels, des Speiklavendels und des Lavandins sind hoch konzentrierte, sehr effektive Wirkstoffe und sollten daher mit Vorsicht angewendet werden. Rodolphe Baltz, Autor des Titels *Ätherische Öle und ihre Anwendung* (*Les Huiles essentielles, comment les utiliser*, Editions Rodolphe Baltz, 1986) betont, dass sie niemals mit den Augen in Berührung kommen sollten, und empfiehlt, einen Tropfen auf die Pulsseite des Handgelenks aufzutragen und einige Stunden abzuwarten, um allergische Reaktionen auszuschließen. Ätherische Öle sind für Kleinkinder nicht geeignet. Bei vorsichtiger Anwendung kann man sich sanft und einfach mit Massagen, Bädern, Inhalationen und mit dem Anzünden eines Duftlämpchens verwöhnen.

Die Essenz des echten Lavendels, die bereits unsere Großmütter kannten, leistet auch in unserer modernen Welt gute Dienste. Die beruhigende und entspannende Wirkung macht sie zum Antistress-Öl par excellence: Nach einem seelischen Schock oder andauernder Überanstrengung kann es einem zur Ruhe verhelfen, wenn man einige Tropfen der Essenz des in 1000 Meter Höhe gepflückten wilden Lavendels im Bereich der Handgelenkinnenseite einmassiert. Das ätherische Öl dringt einfach durch die Haut in den Körper ein und entfaltet dort seine Wirkung.

Insbesondere ab Winterbeginn ist die Verwendung von Aroma-Duftlämpchen der beste Schutz gegen Bronchialprobleme. In der Duftlampe verdunstet die Essenz des echten Lavendels, die man auch mit Eukalyptus-

und Thymianöl ergänzen kann, in Tausende kleinster Tröpfchen. Dadurch wird die Raumluft desinfiziert, und Keime werden auf natürliche und wirksame Weise abgetötet. Bei Schnupfen verschafft das Inhalieren von Wasserdampf aus einer großen Schale mit sehr heißem Wasser, dem je zwei Tropfen Salbeiöl, Kiefernöl und reines Lavendelöl oder Lavandinöl zugefügt wurden, Linderung. An einem kalten und feuchten Wintertag ermöglicht ein Taschentuch mit etwa zehn Tropfen der sehr nach Kampfer duftenden Speiklavendelessenz eine bessere Atmung. Schließlich empfiehlt es sich für jeden Fernreisenden, ein kleines Fläschchen echtes Lavendelöl bei sich zu tragen, um an diesem zu riechen und auch im Flugzeug zu entspannen – nicht umsonst enthalten viele der heute für Flugreisen angebotenen Antistress-Produkte die blaue Blume. Um trotz Zeitverschiebung einschlafen zu können, kann sich ein heißes Bad mit sechs Tropfen Öl des echten Lavendels, mit zwei Tropfen Majoranöl und zwei Tropfen Geranienöl als äußerst wirksam erweisen. Das ätherische Öl des Lavandins zeigt seine positive Wirkung auch bei allen kleinen Verletzungen, die ein Sommer so mit sich bringt: Insektenstiche werden mit einer Tinktur aus 150 Tropfen Geranienöl – 30 Tropfen ätherischen Öls entsprechen etwa einem Milliliter – und 150 Tropfen Lavandinöl in zehn Milliliter 70-prozentigem Alkohol sehr wirksam behandelt. Einige Tropfen werden auf die schmerzende Stelle aufgetragen und leicht mit den Fingerkuppen einmassiert. Dadurch hört das Brennen auf, Rötungen und Schwellungen bilden sich zurück Lavandinöl lindert auch Sonnenbrand. Ein kühles Bad mit einigen Tropfen Öl und eine mit Öl getränkte Kompresse zum Auflegen auf die am stärksten betroffenen Körperstellen wirkt Wunder. Direkt auf kleinere Brandwunden aufgetragen, die man sich im Haushalt zugefügt hat, mildern einige Tropfen des Lavandinöls den Schmerz und fördern die Heilung.
Nach einem Krampf oder einer großen körperlichen Anstrengung entspannt eine Massage mit einer Lösung aus 150 Tropfen Lavandinöl und 150 Tropfen Rosmarinöl auf zehn Milliliter Olivenöl; sie lindert gleichzeitig den Schmerz.

Auswahl und Konservierung der ätherischen Öle

Die Wahl eines Lavendelöls sollte bestimmten Qualitätskriterien folgen. Circa 70 Tonnen Lavendelöl werden jährlich hergestellt. Sie sind für die Parfumindustrie bestimmt, für Luxusparfums, Kosmetik und die Aromatherapie.
Die 1200 Tonnen jährlich produzierten Lavandinöls finden ihre Verwendung zum Großteil in der Waschmittelindustrie. Sicher, die

Rechte Seite: Eine Massage mit Lavendelöl wirkt angenehm entspannend.

Unten: ein alter Flakon zur lichtgeschützten Aufbewahrung von Lavendelöl. (Musée des Arômes, Saint-Rémy-de-Provence)

Oben: ein Etikett für Lavendelöl Ende des 19. Jahrhunderts. (Sammlung Lucien Vakanas)

Linke Seite: Der Aufguss *Le Mâle* verbindet Lavendel, frische Minze, Vanille und Orangenblüten. (Rezept Seite 116)

Destillation wird nicht auf die gleiche Art durchgeführt, sondern hängt vom jeweiligen Verwendungszweck ab. Für die Aromatherapie steht die molekulare Zusammensetzung im Vordergrund, während für die Parfumherstellung eher auf den Duft der Essenz Wert gelegt wird. Die Analysen, anhand deren die Qualität des Öls bestimmt wird, sind mehr oder weniger genau. Der Duft und auch die Farbe werden beurteilt: Lavendelöl ist hellgelb, Lavandinöl von dunkelgelber Farbe. In Labors werden ebenfalls physikalische und chemische Analysen durchgeführt. Heutzutage ermöglicht die Chromatografie die sehr präzise Aufspaltung in sämtliche Bestandteile und eine genaue Aufstellung der zahlreichen Moleküle des Lavendelöls. Lavandinöl hat im Vergleich zum echten Lavendelöl wesentlich weniger chemische Bausteine: Circa 40 chemische Bausteine sind im Lavandinöl zu finden, das echte oder feine Lavendelöl hat ca. 140 chemische Bausteine, und das aus Wildsammlung stammende Lavendelöl (Lavendelöl extra) weist über 200 chemische Bausteine auf. Dementsprechend unterschiedlich ist auch die Wirkung dieser Öle in der aromatherapeutischen Anwendung.

Auf den Ölfläschchen verlangt die seriöse Etikettierung, das wichtigste Zeichen für ein Qualitätsöl, die genaue Angabe der Lavendelart und die lateinische Bezeichnung. Lavandula angustifolia für echten Lavendel, Lavandula latifolia für Speiklavendel und Lavandula x intermedia für Lavandin. Für diese, eine durch Stecklinge vermehrte Art, sind auch die Angaben zu Klonen interessant, denn ihr Duft ist sehr unterschiedlich. So hat der Lavandin ‚Grosso' einen lang anhaltenden Duft, die Sorte ‚Super' riecht blumiger und weniger kampferartig. Der Lavandin ‚Abrial' dagegen verströmt durch seine leicht kampferähnliche Frische einen sehr feinen Duft. Biologischer Anbau garantiert eine Lavendelkultur ohne Pestizide und eine schonende Destillation, bei der auf die Erhaltung aller Pflanzeneigenschaften geachtet wird. Seit 1981 gibt es für den echten Lavendel die geschützte Herkunftsbezeichnung AOC „Lavendelöl der Haute-Provence", die nur Pflanzungen zuerkannt wird, die sich in Höhenlagen befinden, aus Sämlingen gezogen sind und aus einer bestimmten geografischen Lage stammen. Diese Lagen sind auf einige Gemeinden in Departements der Alpes-de-Haute-Provence, Hautes-Alpes, Drôme und des Vaucluse beschränkt. Jedes Jahr muss die Produktion der einzelnen Lavendelanbauer nach chemischen und olfaktorischen Kriterien von einer Kommission gebilligt werden. Das Öl des echten Lavendels, der manchmal in Höhen über 1200 Meter gepflückt wird, ist selten und teuer. Ätherische Öle sind in einem lichtgeschützten, sorgfältig geschlossenem Gefäß zwei bis drei Jahre haltbar.

Schönheitsgeheimnisse des Lavendels

Linke Seite: Seife mit Lavendelöl und getrockneten Lavendelblüten.

Unten: *Six bunches a penny, sweet blooming lavender*. Dieser Stich von Andrew Tuer zeigt eine Straßenverkäuferin in London, die Lavendel feilbietet. Aus *Old Street Cries*, 1805.

In der Welt der Schönheitspflege gebührt dem Lavendel als Öl, Hydrolat oder einfach seinen frischen oder getrockneten Blüten ein besonderer Platz. Er ist ein Synonym für Reinheit, Frische und Sonnenlicht und er zeigt sich als einfaches, vertrautes und natürliches Pflegemittel, das auf die Sinne aufheiternd und belebend wirkt.

Lavendel, eine Gabe der Natur

In zahlreichen kosmetischen Produkten, besonders den Produkten auf ausschließlich pflanzlicher Basis oder unter dem Label *Cosmébio*, spielt Lavendelöl nicht nur eine Rolle als Duftstoff, sondern auch als Konservierungsstoff. Die Verwendung von Lavendelöl erlaubt den Verzicht auf synthetische Stoffe oder künstliche Duftstoffe, die normalerweise in der Kosmetikherstellung eingesetzt werden. So wird Lavendel auch für Feuchtigkeitscremes z. B. auf der Basis von grünem Tee, von Magnolien oder für Handpflegecremes basierend auf Karitébutter verwendet.

Der reine Lavendel ist eher für die Pflege fettiger Haut und besonders für die Pflege junger Haut geeignet. Lavendelwasser reinigt die Haut, man kann z. B. mit einem Wattestäbchen, das in Lavendelessig (mazerierte Blüten) getunkt wurde, kleine Hautunreinheiten behandeln. Lavendelshampoo, das man selbst herstellen kann, indem man zwei Prozent Lavendelöl mit dem üblichen Shampoo mischt, pflegt fettige Kopfhaut. Eine Spülung mit Lavendelwasser verleiht dem Haar lang anhaltenden Glanz.

Neben der speziellen Pflege ist es angenehm, bei der alltäglichen Schönheitspflege wie Duschen, Hautmassage, Gesichtswäsche usw. Schönheit und Wohlbefinden zu verbinden. Das kann jeder nachempfinden, und das erklärt die Begeisterung, die diese Pflanze auf der ganzen Welt hervorruft.

Ein vielseitiges Schönheitsmittel

Die Amerikaner widmen dem Lavendel eine wahre Leidenschaft, auf die die Schwestern Cabot mit ihrer Kosmetikserie „No soap, Radio" humorvoll reagieren. In zahlreichen Pflege- und Toilettenartikeln wird der Lavendel in Szene gesetzt und als einfaches und wohltuendes Mittel für alle Probleme des täglichen Lebens angepriesen. Die einfache Anweisung „Unter heißem Wasser ausgießen!" macht einer noch aussagekräftigeren Beschriftung Platz: „To sleep full of sweet dreams without waking-up in a mad panic at 3 am" (Schlafen und gut träumen, ohne um 3 Uhr morgens in Panik aufzuwachen). Hier wird ein Entspannungsprogramm angeboten, das vom Lavendel-Badeschaum bis zur Lavendel-Körpermilch reicht.

In England dagegen werden Schönheitsprodukte auf Lavendelbasis seriös vermarktet. Die Fläschchen tragen Etiketten in neutralen Farben, auf ihnen wird die Zusammensetzung detailliert aufgeführt. Diese Kosmetikprodukte mit aromatischem Duft enthalten meist rein pflanzliche Bestandteile und keine Konservierungsstoffe. Selbst Menschen mit empfindlicher Haut brauchen keine Unverträglichkeiten zu befürchten. Auch in Deutschland genießt Lavendel in der kosmetischen Anwendung einen sehr guten Ruf. Neben einigen anderen ist hier die Firma Primavera Life ein Beispiel, wie behutsam mit der Natur umgehende Anbauprojekte in der Provence unterstützt werden. Hier sind Qualitäten möglich, die kbA- (kontrolliert biologischer Anbau) und sogar Demeternorm entsprechen. Neben Lavandinöl werden Lavendel extra (aus Wildsammlung) und Lavendel fein in Bioqualität gewonnen.

Lavendel ist in jedem Land ein Symbol für die Rückkehr zu einer ursprünglichen Hygiene und Schönheitspflege. Die französische Kosmetikindustrie bildet keine Ausnahme, die Pflanze wird mehr und mehr mit in die Produkte integriert. Die Firma Sanoflore, an der Grenze von Vercors und der Provence gelegen, stellt ätherische Öle, Blütenwasser, Produkte für das Bad und Körpermilch her. Die Firma L'Occitane, nahe des Lure-Gebirges gelegen, benutzt für die verschiedenen Lavendelerzeugnisse ihrer Produktpalette nur Öl aus der Haute-Provence (AOC) und andere pflanzliche Wirkstoffe. Eine solche Nähe von Lavendelfeldern zu kosmetischen Produkten ist das Zeichen eines Willens, die Pflanze in ihrer natürlichen und ursprünglichen Form zu erhalten und ihr wieder eine größere Bedeutung zukommen zu lassen.

Loblied auf den Lavendel

„‚Lavendel. Ich lavendele mich. Ich bade in Lavendel. Ich wasche mich ...' Philosophen, Philologen und einige Schlaumeier haben behauptet, der

Rechte Seite: Werbung für *Old English Lavender* von Yardley, einem Eau de Cologne mit Lavendelduft, das 1873 kreiert wurde. Von England aus eroberte dieser Duft Frankreich, wo er lange in Mode blieb.

Unten: *Les Fleurs de Provence*, ein Eau de Toilette mit Lavendelduft von Molinard, einem Parfumhersteller in Grasse.

Yardley's
Old English
Lavender

AT the Dance, the Theatre, the Cabaret Show and wherever the charm of Perfume adds to the joy of the moment, Yardley's Old English Lavender is sure to be the dominant note. Its beautiful clean fresh fragrance has been cherished by the Leaders of Taste and Fashion for over a Century. A lovely Old-World Perfume, it has always been fashionable and is always in good taste.

Charming as it is as a perfume—it is yet more than a perfume and has wider uses:

IN HOT AND CROWDED *assemblies, a little sprinkled on your handkerchief and applied to the skin is deliciously cooling and invigorating and will restore the fresh daintiness of your appearance.*

WHEN FATIGUED AND HEADACHY *after shopping or during long motor or railway journeys, a little applied to the face is cleansing and delightfully soothing and refreshing.*

IN THE SICK ROOM *there is nothing which will so effectively cleanse and freshen the atmosphere and make it agreeable to Patient, Nurse and Visitors.*

IN THE HAND BASIN *a few drops will delicately perfume and soften the water and its beautiful fragrance will linger on the skin long after use.*

AND LASTLY *when home, tired after an evening's enjoyment—the luxury of a little in your bath.*

PRICES: 1/10, 3/-, 5/-, 8/6, 10/6 and 21/-

THE LAVENDER PERFUMERY also includes:—Toilet Soap, 3/- (box of 3 large Tablets); Face Powder, 2/6; Talcum Powder, 1/2; Face Cream, 1/6; Bath Salts Tablets, 3/-; Shampoo Powder, 1/6; Sachets, 1/6

From all Chemists, Coiffeurs, Departmental Stores and from

YARDLEY, 8 NEW BOND STREET, W.1

„Lavendel heiße Lavendel, weil sich das Wort von *lavando* ableitet, der Grundform des lateinischen Verbs *lavare*, waschen. Andere haben das bestritten. Wieder andere haben das Blaue vom Himmel erzählt. Nichts von alledem stimmt. Der Lavendel hieß immer schon Lavendel. Und weil durch ihn das Wasser feiner wird, die Sonnenstrahlen die Haut noch angenehmer streicheln, weil er unentbehrlich geworden ist für diejenigen, die sich der Spuren der Nacht entledigen wollen und ihn morgens gerne großzügig mit Wasser und Sonne verwenden, sagt man: ‚Ich benutze Lavendel. Ich lavendele mich. Ich wasche mich.'"

In seiner Célébration de la lavande (Loblied auf den Lavendel) betont Jean Bouvier auf humorvolle Weise die enge Verbindung, die es immer schon zwischen Lavendel und Reinigung gab. Die Etymologie des Wortes ist weniger wichtig als das angenehme Gefühl, das man bei der Anwendung von Lavendel verspürt. Pflegen wir uns also mit Lavendel, schaffen wir um den Lavendel Momente außerhalb der Zeit, beruhigende und sanfte Augenblicke, sinnliche Augenblicke, um Energien zu tanken. Feiern wir den Lavendel wie Jean Bouvier mit schlichten und magischen Riten.

Der Genuss der Hydrotherapie lässt sich gut mit Lavendel verbinden. In einem Spa ermöglicht die Verwendung von Lavendelhydrolat ein intensives Gefühl der Entspannung. Fünf bis sechs Liter können direkt in das Spa-Wasser gegossen werden. Ein Saunaaufguss mit einigen Tropfen Lavendelöl ist ebenfalls eine angenehme Art, Lavendel neu zu entdecken. In den Thermalbädern, wo man begonnen hat, ätherische Öle für die Entspannung einzusetzen, garantieren Lavendel-Sprudelbäder mit daran anschließenden einfühlsamen Lavendelöl-Unterwassermassage eine tiefe Entspannung und eine unvergleichliche Schlafqualität ... Im eigenen Zuhause gelangt das Badesalz zu neuen Ehren: Eine große Tasse Salz mit 20 Tropfen Lavendelöl im heißen Badewasser schenken ein entspannendes Bad. Der Duft des Lavendels erfüllt das Badezimmer und versenkt uns in eine friedliche und sanfte Stimmung.

Lavendel und Lavandin können Sommer wie Winter jeden Augenblick des Tages begleiten und ihren Platz in täglichen Ritualen finden, die die Harmonie von Körper und Geist fördern, und werden somit auch als Schönheitsmittel wirksam. Zum Aufstehen bei Sonnenaufgang, wenn das ganze Haus noch schläft, erleichtert eine Dusche mit einem Duschgel aus Lavendelöl der Haute-Provence, danach etwas Lavendelwasser (auf der Basis von Lavandinöl) ins Gesicht gesprüht, den Start. Bevor man so beschwingt den Garten betritt, schließt ein mit Lavendelhonig gesüßter Tee das morgendliche Aufwachritual ab.

Rechte Seite: einige Pflegeprodukte der Firma Durance, die inmitten der Lavendelfelder der Drôme liegt. Die meisten Produkte dieser Marke enthalten Lavendel.

Unten: Eine malvenfarbige Lavendelseife erinnert an die duftende Pflanze.

Schlaf ist ein nachhaltiges Schönheitsmittel, ganz besonders der Mittagsschlaf während der heißen Stunden des Tages. Ein kühles Schlafzimmer mit geschlossenen Fensterläden verlangt nach lavendelblauer Bettwäsche und einer Dusche mit echtem Lavendel. Es wirkt sehr entspannend, zwei Tropfen Lavendelöl in die Schläfen einzumassieren und sich dabei verschiedene Blautöne vorzustellen: Graublau, malvenfarbiges oder violettes Blau. Im Schlafzimmer sorgen ein paar versprühte Tropfen Lavendelöl dafür, dass der Schlaf nicht lange auf sich warten lässt. Zuvor kann man ein duftendes heißes Bad nehmen, das an ein Lavendelfeld denken lässt, dessen Duft sich unter der Sonne entfaltet. Und wenn man die Augen schließt, hört man Grillen zirpen und Bienen über der violetten Ernte summen.

So kann man die Wärme des Sommers in einen Winternachmittag holen: bei einer Kerze mit Lavendelduft oder einem mit Lavendelhonig gesüßten Chinatee und einer Massage von Halspartie und Schultern mit einer Mixtur aus Süßmandelöl und Lavendelöl (100 Tropfen Öl auf zehn Milliliter Süßmandelöl).

Lavandinöl hat – im Gegensatz zu echtem Lavendelöl – keine beruhigende Wirkung, es wirkt eher ausgleichend und erfrischend.

Oben: Badeöl und Duschgel mit echtem Berglavendel der amerikanischen Firma REN.

Rechte Seite: die Pflegecreme auf Lavendelölbasis von Origin's.

Lavendel, der Duft aller Düfte

„Lavendel: eine frische, lebhafte Note. Ein blumiger Duft, der nicht berauschend ist, eine grüne Note ohne Bitterkeit. Er ist spritzig, frisch, blumig, ohne süßlich zu sein. Man benutzt ihn oft als Kopfnote." Robert Ibanez, Parfumkreateur bei Robertet, einem Parfumhersteller in Grasse, beschreibt so den Lavendel. Der Parfümeur ist auch der Schöpfer von *Pure lavender*, einem Parfum für Azzaro, das neben Lavendel einen Hauch von Moschus, Holz und Amber enthält.

Nur die besten Lavendelernten, von Sämlingspflanzen sorgfältig destilliert und aus der Haute-Provence, liefern den natürlichen Grundstoff für die großen Namen in der Parfumindustrie. *Aqua mirabilis florentines*, auf der Basis von Zitrusfrucht – und Rosmarinessenz – inspiriert noch heute die Komposition jedes Eau de Cologne auf Lavendelbasis. In einer frischen und aromatischen Mischung begleiten und komplementieren Rosmarin-, Bergamotte- und manchmal Zitronenessenz die Lavendelessenz. Die letzten Noten dieser Duftsymphonie wurden Ende des 19. Jahrhunderts von Yardley kreiert, der in *English Lavender* den Duft von Lavendel, Rosmarin, Großem Speik, Eukalyptus und Bergamotte als Kopfnote, Salbei, Geranie und Zedernholz als Herznote sowie den Duft von Eichenmoos, Tonkabohne und Moschus zur Basisnote verbindet. Seitdem werden alle Eaux de Cologne in diese Duftrichtung komponiert, mit etwas mehr Zitrone, Orange, Basilikum, etwas Beifuß…

Links: Obwohl Lavendelwasser zu Beginn des 20. Jahrhunderts hauptsächlich von Männern benutzt wurde, gab es auch Lavendelwasser für die Babypflege. (Sammlung Lucien Vakanas)

Unten: alte Flakons für Lavendelwasser. (Musée des Arômes, Saint-Rémy-de-Provence)

1880 kreierte Houbigant mit *Fougère Royale* einen Duft, der in vielen modernen Herrenparfums wieder aufgenommen wird: Lavendel wird mit Unterholz-Duftnoten kombiniert. Heute ist der Lavendel in dieser Komposition immer noch präsent, aber in geringerer Menge. Das unsterbliche *Jicky* aus dem Hause Guerlain, das 1889 kreiert wurde, oder *Mouchoir de Monsieur* aus dem Jahr 1904, das den Dandies gewidmet war, machten aus dem provenzalischen Lavendel eine Blume der Stadt Paris. *Pour un homme*, 1934 von Caron kreiert und der größte Verkaufserfolg des Hauses, wurde von den modernen Frauen der verrückten 30er-Jahre geliebt.

Um einige der alten Parfums wieder zu finden, ist dank der Osmothek eine Reise in die Vergangenheit möglich. In diesem Archiv für Düfte, nicht weit vom Versailler Schloss entfernt, kann man tatsächlich verschwundene Düfte „kosten", die dank der Hilfe „großer Nasen" wieder kreiert wurden. Hier findet man mit Wonne und Erstaunen Napoleons Lavendelwasser oder sogar *Habanera*, den Duft des berühmten Modeschöpfers Paul Poiret...

In den 70er-Jahren wird der Lavendelduft vernachlässigt. Dann nahmen jüngste Kreationen den Lavendel wieder auf: 1995 verbindet der Modeschöpfer Jean-Paul Gaultier in *Le Mâle* Lavendelduft mit Zimt und Orangenblüten, *Pour un homme* verführt damit sowohl das männliche als auch das weibliche Publikum. *Eau d'Elide* von Diptiyque aus dem Jahr 1988 vereint die Schale von Bitterorangen, wilden Lavendel, Moschus und etliche Gewürzpflanzen – der Effekt ist wie ein Sonnenbad in der Provence. Ein sehr zurückhaltender Duft ist *Lavande* von Annick Goutal aus dem Jahr 1981, ein maskuliner Duft, der etwas rauchig riecht. *L'Eau de toilette à l'huile essentielle de lavande de haute Provence* von L'Occitane aus dem Jahr 2000 möchte ganz offensichtlich ein blühendes Lavendelfeld heraufbeschwören...

In aktuellen Schönheitsrezepten oder in der Erinnerung an die gute alte Zeit, in Pflegeprodukten für jeden Tag oder in den Parfums der großen Parfumhersteller ist der Lavendel als duftendes Bindeglied zwischen Altem und Neuem, Einfachheit und Luxus, Gesundheit und Schönheit und vor allem als Bindeglied zwischen der Natur und dem Menschen allgegenwärtig.

Adressen

Organisationen und Reiseführer

THE LAVENDER BAG
Englischsprachige Zeitschrift zu den Themen Botanik, Geschichte und Vorkommen der außergewöhnlichsten Lavendelarten.
Tel.: +44 (0) 11 59 89 27 18
www.headfamily.freeserve.co.uk

LES ROUTES DE LA LAVENDE
Diese Organisation fördert das Erbe des Lavendelanbaus und gibt jährlich Broschüren in französischer, englischer und deutscher Sprache über Themen rund um den Lavendel heraus: Adressen von Lavendelfarmen, Brennereien, Läden usw. Sehr empfehlenswert!
www.routes-lavande.com

POIVRE D'ÂNE
In den Alpes-de-Haute-Provence, in der Nähe von Digne, kann man Lavendelwege auf dem Rücken eines Esels entdecken.
La Bastide des Férauds
F-04380 Thoard
Tel.: +33 (0) 4 92 34 87 12
www.poivre-ane.com
poivre-ane@poivre-ane.com

MAS DES LAVENDES
Jeanne-Marie Pascal bietet einen botanischen Lehrpfad zur Entdeckung der Geschichte des Lavendels an. Übernachtungsmöglichkeiten im Landgasthaus bzw. Ferienhaus.
Fonssargoules
F-84210 Venasque
Tel./Fax: +33 (0) 4 90 66 00 58
www.mas-des-lavandes.com
jmpascal84@wanadoo.fr

INTERNETINFORMATIONEN
www.de.franceguide.com
Offizielle Tourismusinformationsseite über Frankreich
www.discoverlavender.com
Private Website mit vielen Informationen zu Festen und Farmen im englischsprachigen Raum.

www.provence-hideaway.com
Englischsprachige Reiseseite mit vielen nützlichen Informationen
www.provenceweb.fr

Museen

MUSÉE DE LA LAVENDE DU COUSTELLET
Anhand einer Sammlung alter Alambics lässt sich die Geschichte der Destillation von tragbaren Alambics bis hin zu Wasserdampfalambics verfolgen.
Route de Gordes
F-84220 Cabrières d'Avignon
Tel.: +33 (0) 4 90 76 91 23
Fax: +33 (0) 4 90 76 85 52
www.museedelalavande.com

MUSÉE DE LA LAVENDE DE SAINT-REMÈZE
Eine Ausstellung alter Kupferalambics und im Sommer Vorführung der traditionellen Destillation. Museumsladen und Bücherstand.
Landstraße 490, in Richtung Gorges de l'Ardèche.
F-07700 Saint Remèze
Tel.: +33 (0) 4 75 04 37 26
Fax: +33 (0) 4 75 04 23 60
www.ardechelavandes.com
info@ardechelavandes.com

MUSÉE DES ARÔMES
Eine schöne Sammlung alter Flakons und ein sehr hübscher Museumsladen. Im Sommer kann man direkt vor dem Gebäude, mitten im Stadtzentrum, der Destillation von Lavendel aus allen umliegenden Gärten beiwohnen. Verkauft werden ätherische Öle, Qualitätsseifen, biologische Kosmetikprodukte, Ölmischungen für Duftlämpchen.
34, boulevard Mirabeau
F-13210 Saint Rémy de Provence
Tel.: +33 (0) 4 32 60 05 18
Fax: +33 (0) 4 32 60 17 16

Das Museum finden Sie nur auf der französischen Version der Website!
www.florame.com
florame@florame.com

OSMOTHÈQUE
Nach vorheriger Anmeldung können in diesem Duftarchiv alte Düfte wieder entdeckt werden.
36, rue du parc de Clagny
F-78100 Versailles
Tel.: +33 (0) 1 39 55 46 99
Fax: +33 (0) 1 39 55 73 64
www.osmotheque.fr
contact@osmotheque.fr

Aufenthalt inmitten von Lavendelfeldern

LA FORGE-SAINTE-MARIE
Dieses Landgasthaus mit entspannter Atmosphäre in Eygalayes, einem der kleinsten Dörfer Frankreichs, besitzt einen Spa-Bereich à la lavande. Es besteht die Möglichkeit zu Wanderungen in die nähere Umgebung.
F-26560 Eygalayes
Tel./Fax: +33 (0) 4 75 28 42 77
www.provence.guideweb.com/chambres_hotes/forge-stemarie
forgesaintemarie@aliceadsl.fr

LE CHÂTEAU DE LA GABELLE
In diesem Landsitz aus dem 15. Jahrhundert inmitten von Getreide- und Lavendelfeldern werden Gästezimmer angeboten. Marguerite Blanc, eine Landwirtin mit einer Passion für Lavendel zeigt ihren Gästen, wie Lavendel geerntet und Lavendelsträuße oder die typischen Lavendel-Fläschchen angefertigt werden…
F-26570 Ferrassières
Tel.: +33 (0) 4 75 28 80 54
Fax: +33 (0) 4 75 28 85 56
www.chateau-la-gabelle.com
chateaulagabelle@wanadoo.fr

LA MAISON DU MOULIN
Dieses charmante Gasthaus am Ufer eines kleinen Flüsschens ist ein idealer Ausgangspunkt, um die Gegend um Grignan zu entdecken. Es wird ein Kochkurs mit Lavendelrezepten angeboten.
Quartier Petit-Cordy
F-26230 Grignan
Tel.: +33 (0) 4 75 46 56 94
Fax: +33 (0) 4 75 46 50 34
www.maisondumoulin.com
info@maisondumoulin.com

AUBERGE RURALE DU MOULIN
Am Fuße des Lure-Gebirges gelegen ist diese Pension ein idealer Ausgangspunkt für Wanderungen in die Bergdörfer der Lavendelgebiete, wie Banon oder Simiane-la-Rotonde.
F-04230 Lardiers
Tel: +33 (0) 4 92 73 38 54

FERME FIOC
Auf diesem großartigen alten Bauernhof teilt das Ehepaar seine Passion mit den Gästen, während ihres Aufenthalts inmitten von Feldern mit Gewürzpflanzen und Lavendel.
Dany et Jean-Louis Fioc
Les Daliers
F-26130 Montségur-sur-Lauzon
Tel.: +33 (0) 4 75 98 12 02
Fax: +33 (0) 4 75 98 09 58
www.bienvenue-a-la-ferme.com

LA FERME TUSHITA
Dieses Landgasthaus mit Zimmern mit Blick auf kleine Lavendelfelder bietet einen einmaligen Ausblick auf den Mont Ventoux.
Route d'Aleyrac
F-26230 Salles-sous-Bois
Tel.: +33 (0) 4 75 53 55 16
Fax: +33 (0) 4 75 53 62 98
http://ferme.tushita.free.fr/
ferme.tushita@free.fr

Adressen

Lavendelfarmen

BRIN D'HERBE
Bénédicte Delpit bietet auf ihrem Bauernhof vor allem ein Kinderprogramm: botanische Spaziergänge, Spiele rund um Düfte und Destillationsprozess, Konfitürenverkostung.
Les Collins
F-26460 Bézaudun-sur-Bîne
Tel.: +33 (0) 4 75 53 37 12
lescollins@mageos.com

LA FERME DE LA BAUME ROUSSE
Verschiedene lavendelspezifische Themen werden dem Besucher auf diesem Demeter-zertifizierten Bauernhof angeboten: Botanik, Aquarellmalerei oder Entspannung in einem Lavendel-Spa.
Marion Haas u. Stéphane Cozon
F-26400 Cobonne
Tel.: +33 (0) 4 75 25 08 68
Fax: +33 (0) 4 75 25 39 30
www.lafermedebaumerousse.net
info@lafermedebaumerousse.net

TOMITA
Inmitten reiner Blumenplantagen wird am Fuße des Berges Tobachi auf Hokkaido in Japan Lavendelanbau betrieben. Man kann die Destillation vor Ort besichtigen. Boutique mit Lavendelparfums, Produkten fürs Bad, Lavendelhonig und Lavendeltee.
Hokusei, Nakafurano-cho, Sorachi-gun
Hokkaido 071-0704 – Japan
Tel.: +81 (0) 1 67 39 39 39
Fax: +81 (0) 1 67 39 31 11
www.farm-tomita.co.jp
scent@farm-tomita.co.jp

NORFOLK LAVENDER
Park rund um eine alte Wassermühle mit über 100 Sorten Lavendel (National Collection), geführte Touren und Destillerie-Besichtigung.
Caley Mill Heacham
Kings Lynn
Norfolk PE31 7JE
Großbritannien
Tel.: +44 (0) 14 85 57 03 84
Fax: +44 (0) 14 85 57 11 76
www.norfolk-lavender.co.uk
info@norfolk-lavender.co.uk

JERSEY LAVENDER LIMITED
Auf der touristischen Lavendelfarm der Familie Christie wird Lavendel angebaut, per Hand gepflückt und destilliert. Ätherische Öle, Eau de Toilettes, Blüten und kulinarische Spezialitäten mit Lavendel werden vor Ort verkauft.
Rue du Pont-Marquet
St. Brelade
Jersey – Channel Islands JE3 8DS
Großbritannien
Tel.: +44 (0) 15 34 74 29 33
Fax: +44 (0) 15 34 74 56 13
www.jerseylavender.co.uk

WHITEBAY WORLD OF LAVENDER
24 000 Lavendelpflanzen auf zwei Hektar Feldern machen aus diesem Anbau die größte Lavendelfarm Neuseelands. Alle Produkte werden umweltfreundlich hergestellt. Die ätherischen Öle, deren genaue Analysen im Internet abgerufen werden können, werden in der Aromatherapie verwendet.
527, Napier-Taupo Highway
Hawke's Bay – Neuseeland
Tel.: +64 (0) 68 36 65 53
Fax: +64 (0) 68 36 66 64
www.whitebay.co.nz
info@whitebay.co.nz

SONOMA LAVENDER
Anbau von echtem Lavendel an der Pazifikküste. Schöne Lavendelprodukte für Bad und Kosmetik, Produkte für Spas.
420 B Tesconi Circle
Santa Rosa CA 95401
USA
Tel.: +1 (0) 70 75 23 44 11
Fax: +1 (0) 70 75 23 44 66
www.sonomalavender.com
gary@sonomalavender.com

BLUE MOUNTAIN LAVENDER FARM
Eine Farbinsel mit über 4 000 Lavendelsträuchern inmitten von Getreidefeldern. Fünfzehn verschiedene Lavendelsorten werden von dieser französisch-amerikanischen Familie angebaut. Sie verkaufen Lavendelprodukte und Lavendelblüten, frisch oder zu Sträußen gebunden.
345 Short Road
Touchet, WA 99360
USA
Tel.: +1 (0) 50 95 29 32 76
Fax: +1 (0) 50 95 22 32 76
www.bluemountainlavender.com
info@bluemountainlavender.com

Destillerien, die besichtigt werden können

Kleine traditionelle Brennereien lassen gern neugierige Passanten zuschauen!

DISTILLERIE DE LA GRANGE DE LA TATINE
Im Sommer kann man auf diesem biologischen Bauernhof alles über Lavendel lernen und einer Destillation zusehen.
Le Village
F-26510 Chauvac
Tel.: +33 (0) 4 75 27 80 87

DISTILLERIE BLEU PROVENCE
Philippe Soguel ist ein guter Pädagoge, der seine Leidenschaft und seinen Beruf gerne mit Besuchern teilt. Sollten Sie ein bisschen Lavandin in Ihrem Garten haben, so ist dies die einzige Brennerei, in der Sie ihn destillieren lassen und ihren persönlichen kleinen Flakon stolz mit nach Hause nehmen können. Verkauf von ätherischen Ölen.
58, Promenade de la Digue
F-26110 Nyons
Tel.: +33 (0) 4 75 26 10 42
Fax: +33 (0) 4 75 26 15 90
www.distillerie-bleu-provence.com
info@distillerie-bleu-provence.com

DISTILLERIE DU VALLON
Im Herzen der blauen Hochebene von Sault ist diese Brennerei im August für Besucher geöffnet, die Brenner erklären den Gästen gerne ihre Arbeit.
Le Vallon – Route des Michouilles
F-84390 Sault
Tel./Fax: +33 (0) 4 90 64 14 83
vallon-des-lavandes@wanadoo.fr

LE JAS DU PRÉ
Einer der kleinsten Alambics Südfrankreichs ist im August in den Bergen in der Nähe von Nyons in Betrieb. Ab jedem 15. August, am Tag des Dorffestes, wird er von Bernard Ducros, Hersteller und Brenner, zur Freude aller Neugierigen in Betrieb genommen. Verkauf von ätherischen Ölen aus biologischem Anbau.
F-26610 Villeperdrix
Tel.: +33 (0) 6 75 16 34 57

Gärten besuchen, Lavendel kaufen

LES JARDINS EN TERRASSES DU CHÂTEAU DE CHARANCE
Besuch der Gärten und Teilnahme an Kursen zum Thema Lavendel: Botanik, Geschichte und Destillation.
Domaine de Charance
F-05000 GAP
Tel.: +33 (0) 4 92 51 21 79
Fax: +33 (0) 4 92 51 14 83
www.ville-gap.fr
charance@ville-gap.fr

LES JARDINS DU PRIEURÉ DE SALAGON
Besuch des mittelalterlichen Gartens, des Heilkräuter- und Duftgartens. Organisation von Lavendelführungen. Im Sommer wird jeden Mittwochnachmittag ein Destillationskurs für Kinder angeboten.
F-04300 Mane
Tel.: +33 (0) 4 92 75 70 50
Fax: +33 (0) 4 92 75 70 58
www.musee-de-salagon.com
info@musee-de-salagon.com

Adressen

PÉPINIÈRE FILIPPI
Diese Lavendelsammlung kann nur nach Voranmeldung besichtigt werden. Über 60 verschiedene Lavendelarten werden in der Gärtnerei verkauft. Ein sehr detaillierter Katalog ist erhältlich.
RD 613
F-34140 Mèze
Tel.: +33 (0) 4 67 43 88 69
Fax: +33 (0) 4 67 43 84 59
www.jardin-sec.com
olivier.filippi@wanadoo.fr

LE JARDIN DES ARÔMES
Eine Sammlung von Gewürz- und Duftpflanzen, die um einen alten Alambic herum angebaut wurde.
Promenade de la Digue
F-26110 Nyons
Führungen (Mai bis September), Buchungen über das Fremdenverkehrsamt:
Place de la Libération
F-26110 Nyons
Tel.: +33 (0) 4 75 26 10 35
Fax: +33 (0) 4 75 26 10 57
www.paysdenyons.com
info@paysdenyons.com

LANDHAUS ETTENBÜHL
Ein Landhaus mit „tearoom", umgeben von vier Hektar Gartenfläche. Außer einem Lavendelgarten findet man hier einen Rosenshop und eine Gartenberatungsstelle.
Hof Ettenbühl
D-79415 Bad Bellingen
Tel.: +49 (0) 76 35 82 79 70
Fax: +49 (0) 76 35 82 79 777
www.landhaus-ettenbuehl.de
info@landhaus-ettenbuehl.de

KURPARK BAD MERGENTHEIM
Einer der schönsten Kurparks Deutschlands mit Lavendelwiese und vielen anderen Parkbereichen. Informationen über die Kurverwaltung Bad Mergentheim:
Lothar-Daiker-Straße 4
D-97980 Bad Mergentheim
Tel.: +49 (0) 79 31 96 50
Fax: +49 (0) 79 31 96 52 28
www.kur-badmergentheim.de
info@kur-badmergentheim.de

UMWELT- UND FREIZEITZENTRUM FINKENRECH
Schau- und Sichtungsgärten mit Lavendelbeeten.
Tholeyer Straße
D-66571 Eppelborn-Dirmingen
Tel.: +49 (0) 68 27 90 29 90
Fax: +49 (0) 68 27 90 29 94
www.finkenrech.de
info@finkenrech.de

SYRINGA SCHAUGARTEN
Schaugarten mit beeindruckendem Lavendelbeet.
Syringa Duftpflanzen und Kräuter
Bachstraße 7
D-78247 Hilzingen-Binningen
Tel.: +49 (0) 77 39 14 52
Fax: +49 (0) 7 73 96 77
www.syringa-samen.de
info@syringa-samen.de

BEGEHBARES LAVENDELLABYRINTH
Angelegt 2005 nach dem Vorbild von Ravenna mit 7 Umgängen und 21 m Durchmesser.
la.wendling-labyrinth, neben dem Parkplatz am Friedhof
D-56288 Kastellaun
Information und Führungen während der Blütezeit im Juli, August und September bei Christa Wendling
Tel.: +49 (0) 67 62 40 20 10
www.christa-wendling.de
la.wendling@christa-wendling.de

POTSDAMER VOLKSPARK
Großer Erholungs- und Freizeitpark im Potsdamer Stadtteil Bornstedter Feld mit beeindruckenden Lavendelwällen. Was dem Besucher in anderen Parkanlagen verwehrt wird, ist hier sogar erwünscht: Rad fahren, spielen, grillen und auf dem Rasen spazieren. Näheres über die Entwicklungsträger Bornstedter Feld GmbH:
Voltaireweg 4 a
D-14469 Potsdam
Tel.: +49 (0) 3 31 27 19 80
Fax: +49 (0) 3 31 27 19 819
www.potsdams-neue-gaerten.de
etbf@ProPotsdam.de

LAVENDELLABYRINTH DER UNIVERSITÄT HOHENHEIM
Auf traditionelle Weise angelegte Beete mit interessanten Pflanzmustern.
Universität Hohenheim
Landschaftsgarten
D-70593 Stuttgart
www.uni-hohenheim.de

DOWNDERRY NURSERY
In dieser Gärtnerei sind die schönsten Schopflavendelarten für saure Böden und Lavendelarten von den Kanaren erhältlich, allerdings frostempfindlich ...
Pillar Box Lane, Hadlow, Tonbridge, Kent TN11 9SW
Großbritannien
Tel.: +44 (0) 17 32 81 00 81
www.downderry-nursery.co.uk
info@downderry-nursery.co.uk

SCHLOSS LICHTENAU
Kleines Schloss im Oberprinzgau in Österreich mit Lavendelgarten.
Nr. 23
A-5724 Stuhlfelden
Tel.: +43 (0) 65 62 43 65
www.stuhlfelden.at
info@stuhlfelden.at

SCHLOSS EGGENBERG
Schloss mit Planetengarten. Die Beete wurden thematisch nach den Charakteren der Planeten angelegt. Lavendel findet man im zweiten Mondgarten.
Eggenberger Allee 90
A-8020 Graz
Tel.: +43 (0) 3 16 58 32 64 95 32
Fax: +43 (0) 3 16 58 32 64 95 55
www.museum-joanneum.steiermark.at
eggenberg@museum-joanneum.at

Feste rund um den Lavendel

LAVENDELKORSO UND LAVENDELMESSE
Anfang und Ende August: Großer Umzug in der Stadt, Wagen, die mit Lavendel geschmückt sind, Stadtfest und Bauernmarkt.
Rond Point du 11 Novembre
F-04001 Digne les Bains
Tel.: +33 (0) 4 92 36 62 62
Fax: +33 (0) 4 92 32 27 24
www.foire-lavande.com
www.ot-dignelesbains.fr

FÊTE DE LA LAVENDE
Anfang Juli: Bauernmarkt, auf dem auch ein kleiner transportabler Alambic vorgeführt wird. Verkauf von Lavendelblüten, Sträußen, Lavendelhonig und anderen regionalen Produkten. Vorführung der Arbeitsabläufe einer Lavendelernte.
Office de Tourisme l'Autin
F-26570 Montbrun Les Bains
Tel.: +33 (0) 4 75 28 82 49
Fax: +33 (0) 4 75 28 82 98
www.montbrunlesbainsoffice dutourisme.fr
ot@montbrunlesbains.com

MONTÉLIMAR COULEUR LAVENDE
Mitte Juli findet im Schatten der Bäume des Stadtparks eine schöne Ausstellung zum Thema Lavendel statt: traditionelle Lavendelfläschchen, Stickereien, Lavendel- und Lavandinpflanzen, Parfüms und Kosmetik. Vorführung einer Destillation in einem Alambic.
In Montélimar wurde auch der Aperitif bleu-lavande (s. Restaurants) erfunden.
Office de Tourisme
Allées Provençales
F-26200 Montelimar
Tel.: +33 (0) 4 75 01 00 20
Fax: +33 (0) 4 75 52 33 69
www.montelimar-tourisme.com

FÊTE DE LA LAVENDE
Mitte August: Lavendelwettschneiden, Markt mit Produkten der Region und Pferdeschau.
Avenue de la Promenade
F-84390 Sault
Tel.: +33 (0) 4 90 64 01 21
Fax: +33 (0) 4 90 64 15 03
www.saultenprovence.com

FÊTE DE LA LAVENDE
Im Juli mit Besuch der
Lavendelfelder und buntem
Markttreiben.
Office de Tourisme
Place des Héros de la
Résistance
F-04210 Valensole
Tel.: +33 (0) 4 92 74 90 02
Fax: +33 (0) 4 92 74 85 03
www.valensole.fr
ot.valensole@wanadoo.fr

LAVENDELFEST
BAD BLANKENBURG
Alljährlich Anfang August feiert
die einzige deutsche Lavendel-
stadt in Thüringen auf dem
historischen Marktplatz ein
Lavendelfest und wählt die La-
vendelkönigin.
Tourist-Information
Bahnhofstr. 40
D-07422 Bad Blankenburg
www.bad-blankenburg.de
info@bad-blankenburg.de

SOMMERTRAUM
Das Schloss Güstrow feiert
im Juli, zur Zeit der Lavendel-
blüte, ein Fest in seinem
Renaissancegarten.
Schloss Güstrow
Franz-Parr-Platz 1
D-18273 Güstrow
Tel.: +49 (0) 38 43 75 20
Fax: +49 (0) 38 43 68 22 51
www.schloss-guestrow.de
info@schloss-guestrow.de

LAVENDELFEST IN KÖNIGSTEIN
Seit 1997 feiert der Förderkreis
der deutsch-französischen
Städtepartnerschaft zwischen
Königstein und Le Cannet
jeweils im August am Le-
Cannet-Brunnen in der
Limburger Straße aus Anlass
des Lavendelschnitts in der
Provence ein Lavendelfest.
D-61462 Königstein (Taunus)
Tel.: +49 (0) 61 74 59 06
www.staedtepartnerschaft-
koenigstein-lecannet.de
vorstand@staedtepartnerschaft-
koenigstein-lecannet.de

Verkauf von Lavendel-blütenöl und von Lavendelprodukten

LE PETIT CHÊNE
Roselyne Dubois destilliert
wilden Lavendel, den sie im
Lure-Gebirge pflückt und aus
dem sie ätherisches Öl von
unvergleichlicher Qualität
herstellt.
Les Agreniers
F-04150 Banon
Tel.: +33 (0) 4 92 73 27 56
Website der Stadt Banon mit
vielen weiteren Adressen:
www.banon-village.fr

BERNARD LAGET
Der Kräuterspezialist verkauft
ätherische Öle aus der Region,
Teekräuter und Pflegecremes,
darunter zwei Wundersalben
auf Lavendelbasis für schmerzende Füße: Wanderer werden
sie zu schätzen wissen...
Place aux Herbes
F-26170 Buis-les-Baronnies
Tel.: +33 (0) 4 75 28 16 42
Fax: +33 (0) 4 75 28 13 34
www.bernard-laget.fr
(Website im März 2008 noch
im Aufbau)
bernard.laget@libertysurf.fr

PROVENCE-SCENTS
Der Großhändler bietet eine
sehr breite Palette von Lavendelprodukten: Sirup, Confits,
Potpourris, Blüten oder Buketts,
ätherische Öle, Kosmetikprodukte, Seifen und seltene traditionelle Lavendelfläschchen
(nur größere Bestellungen).
2020 Chemin de Saint Gens
F-84200 Carpentras
Tel.: +33 (0) 4 90 62 36 35
Fax: +33 (0) 4 90 62 36 63
www.provence-scents.fr
info@provence-scents.fr

SAVONNERIE LA TOUR
DE GUET
Kleine handwerkliche Seifen-
fabrik mit der Möglichkeit
einer Führung.
Route des Georges du Verdon
F-04120 Castellane
Tel.: +33 (0) 4 92 83 69 02

SANOFLORE
In der Nähe des Naturschutz-
gebietes Vercors öffnet Sano-
flore immer im Sommer einen
Laden für den Verkauf ab Werk
inmitten eines Kräutergartens.
Die Firma betreibt Gewürz-
pflanzenanbau, Destillation und
Entwicklung von Kosmetik-
produkten. Alle Produkte
stammen aus biologischem
Anbau und sind in Apotheken
und Bioläden erhältlich.
F-26400 Gigors et Lozeron
Tel.: +33 (0) 4 75 76 46 60
Laboratoires Sanoflore
Georg-Glock-Str. 18
D-40474 Düsseldorf
Tel.: +49 (0) 2 11 43 78 05
Fax: +49 (0) 21 14 37 81 59
www.sanoflore.net

LAVANDINEX
Der Lavendelbauer Jean-Pierre
Duc mischt die ätherischen Öle
des Lavendels und des
Lavandins zum Lavandinex,
das gleichzeitig entspannend
und belebend wirkt.
Ferme La Roberte
Quartier Carroir
F-26230 Grignan
Tel.: +33 (0) 4 75 46 52 72

LES COMPTOIRS DE PROVENCE
Fabrikverkauf der Marke
„Durance en Provence": Pflege-
produkte u.a. mit Lavendel.
Route de Montélimar
Zone Artisanale Dagasse
F-26230 Grignan
Tél.: +33 (0) 4 75 04 87 53
www.durance.fr

HERBORISTERIE CHAVASSIEU
Die Kräuterhandlung befindet
sich in einem denkmalge-
schützten Gebäude im Herzen
des alten Stadtviertels Saint-
Jean. Hier finden Sie auch
Sanoflore-Produkte und
Lavendeltees.
8, place Saint-Jean
F- 69002 Lyon
Tel.: +33 (0) 4 78 37 88 18

L'OCCITANE
Die Fabrik in Manosque kann
besichtigt werden und es gibt
einen Fabrikverkauf. Ende
August und im September
findet man in allen Läden der
Kette die frische Lavendel-
ernte, Sträuße und Pflege-
produkte. Alle Läden sind blau
von Lavendel.
ZI Saint-Maurice
F-04100 Manosque
Tel.: +33 (0) 4 92 70 19 50
Fax: +33 (0) 4 92 87 34 23
Alle Adressen der Läden von
L'Occitane finden Sie auf der
Internetseite:
www.loccitane.com

LABORATOIRE PRANARÔM
Vertrieb von ätherischen Ölen
und Pflegeprodukten wie
Badeöle, Lavendelshampoo
gegen Läuse, usw.
F-84123 Pertuis
Tel.: +33 (0) 4 90 09 36 80
Fax: +33 (0) 4 90 09 36 85

LE CLOS D'AGUZON
Im Land der Lavendelsorte
super-bleue gelegen. Hier
finden Sie ätherische Öle,
Eau de Toilettes, Duftkerzen,
Potpourris in einem großen
Geschäft mitten auf dem Land
direkt neben der Fabrik.
F-26170 Saint-Aubran/Ouvèze
Tel.: +33 (0) 4 75 28 64 64
Fax: +33 (0) 4 75 28 60 32
www.bontoux.com
(Website im März 2008 noch
im Aufbau)
quality@bontoux.com

LES ANNÉES CASSANDRE
Der Antiquar Lucien Vakanas
aus Sault sammelt alte
Lavendeletiketten. In seinem
Laden gibt es auch alte Flakons
für Lavendelwasser.
Avenue de la Résistance
F-84390 Sault
Tel.: +33 (0) 4 90 64 11 66
Fax: +33 (0) 4 90 64 11 82

Maison des Producteurs
Landwirtschaftliche Genossenschaft der Lavendelanbauer, Direktverkauf aller Arten von Lavendelprodukten.
Rue de la République
F-84390 Sault
Tel.: +33 (0) 4 90 64 08 98

Maison aux Huiles Essentielles
Eine sehr große Auswahl an ätherischen Ölen und Mischungen, Kosmetika und Düfte fürs Haus.
Zone Artisanale La Carretière
F-04130 Volx
Tel.: +33 (0) 4 92 78 46 77
Fax: +33 (0) 4 92 78 44 82

Bergland
www.bergland.de
Ätherische naturreine Duftöle, erhältlich in Apotheken und Reformhäusern und im Online-Shop von
Hallo Natur
Alpenstr. 15
D-87751 Heimertingen
Tel.: +49 (0) 83 35 98 21 66
Fax: +49 (0) 83 35 98 21 69
www.hallonatur.de
vertrieb@hallonatur.de

Norfolk Lavender
Produkte der bekannten und traditionsreichen britischen Marke bekommen Sie bei
Bright Britain British Life & Style oHG
Wülfeler Str. 3
D-30539 Hannover
Tel.: +49 (0) 51 17 12 44 11
Fax: +49 (0) 51 17 12 44 12
www.bright-britain.de
info@bright-britain.de
The British Shop
Versandhandel GmbH & Co. KG
Auf dem Steinbüchel 6,
D-53340 Meckenheim
Tel.: +49 (0) 2 22 58 80 81 00
Fax: +49 (0) 2 22 58 80 81 50
www.the-british-shop.de

Primavera Life GmbH
Herstellung und Vertrieb von ätherischen Ölen, Naturkosmetik und Wohlfühlprodukten mit eigener Entspannungsserie auf Basis von Lavendelöl (Primavera Relax). Alle Zutaten sind aus kontrolliertem Anbau und die Produkte sind ohne Tierversuche entwickelt.
Am Fichtenholz 5
D-87477 Sulzberg
Tel. +49 (0) 83 76 80 80
Fax +49 (0) 83 76 80 839
www.primavera-life.de
info@primavera-life.de

EURL Artisane
Lavendel aus der Provence; direkt von Lavendelbauern in den Anbaugebieten rund um den Mont Ventoux (Lavendel als Bund, lose oder in kleine Beutel eingenäht) sowie ätherisches Lavendelöl (A.O.C.).
Varnhöveler-Str. 5a
D-59368 Werne
Tel.: +49 (0) 80 05 03 56 96
Fax: +49 (0) 23 89 95 10 67
www.artisane.de
info@artisane.de

Allos
Hochwertige Produkte in Bio-Qualität: Der Lavendelblütenhonig war vor 30 Jahren der erste Honig im Allos Sortiment, außerdem Lavendelöl (erhältlich in Bioläden).

Die Marke „Savon du Midi" bietet Lavendel-Pflanzenölseifen aus Zutaten an, die aus kontrolliert biologischem Anbau stammen. Außerdem Lavendel-Säckchen für die Wäsche (beides ist im Naturkosthandel erhältlich).

Restaurants

La Bonne Étape
Jany Gleize bevorzugt die regionalen Produkte, viele seiner Gerichte konzentrieren sich auf den Lavendel.
Chemin du lac
F-04160 Château-Arnoux
Tel.: +33 (0) 4 92 64 00 09
Fax: +33 (0) 4 92 64 37 36
www.bonne-etape.com
contact@bonne-etape.com

Relais de l'Empereur
Henri Revol, Barmann des Hotels, hat den Cocktail Couleur Lavande erfunden. Das Rezept verrät er nicht, zu den Zutaten gehören Gin, Zitrone, Veilchen- und Lavendelsirup...
1, place Marx Dormoy
F-26200 Montélimar
Tel.: +33 (0) 4 75 01 29 00
Fax: +33 (0) 4 75 01 32 21
www.relaisdelempereur.com
info@relaisdelempereur.com

Hostellerie du Val de Sault
Yves Gattechaud bietet ein ganz auf Lavendel abgestimmtes Menü an, einige der Rezepte wurden in dieses Buch aufgenommen.
Route de Saint-Trinit
F-84390 Sault
Tel.: +33 (0) 4 90 64 01 41
Fax: +33 (0) 4 92 64 12 74
www.valdesault.com
valdesault@aol.com

Leckereien à la lavande

Fromagerie du Comtat
Unter den außergewöhnlichen Käsesorten dieses renommierten Hauses findet sich der „Lavandine du Venaissin", eine Erfindung von Madame Claudine Vigier.
23, place de la Mairie
F-84200 Carpentras
Tel.: +33 (0) 4 90 60 00 17
Fax: +33 (0) 4 90 60 41 05

Goumanyat
Jean-Marie Thiercelin verkauft aromatisiertes Lavendelöl, Thymianöl und vieles mehr.
3, rue Charles-Francois Dupuis
F-75003 Paris
Tel.: +33 (0) 1 44 78 96 74
Fax: +33 (0) 1 44 78 96 75
www.goumanyat.com
contact@goumanyat.com

Fromagerie Lou Canesteou
Josiane Déal, die 2004 für ihre Arbeit eine Auszeichnung erhielt, verkauft u.a. einen Ziegenkäse à la lavande.
10, rue Raspail
F-84110 Vaison la Romaine
Tel.: +33 (0) 4 90 36 31 30
Fax: +33 (0) 4 90 28 79 33
www.loucanesteou.com
loucanesteou@loucanesteou.com

André Boyer
Maître Nougatier
Nougat aus provenzalischen Mandeln und Lavendelhonig. In dieser Confiserie mit schöner Holztäfelung an den Wänden gibt es auch Lavendelbonbons, Lavendellimonade und Lavendelsirup. Führungen durch die Produktion möglich.
Rue de la Porte-des-Aires
F- 84390 Sault
Tel.: +33 (0) 4 90 64 00 23
Fax: +33 (0) 4 90 64 08 99
www.nougat-boyer.fr
infos@nougat-boyer.fr

Pâtisserie André Sube
Wunderbare Lavendelschokolade, Sorbet aus Weinbergpfirsichen und Lavendel, Lavendeleis.
2, rue de la République
F-84110 Vaison La Romaine
Tel.: +33 (0) 4 90 36 06 75

Die Liste bietet nur eine Auswahl und erhebt keinen Anspruch auf Vollständigkeit. Genaue Veranstaltungstermine, Öffnungszeiten und Preise bitte direkt erfragen. Die Adressen sind innerhalb eines Landes alphabetisch nach dem Ort sortiert.

Walter Hädecke Verlag
Postfach 1203
D-71256 Weil der Stadt
Tel.: +49 (0) 70 33 13 80 80
Fax: +49 (0) 70 33 13 80 813
www.haedecke-verlag.de
info@haedecke-verlag.de

Bibliografie

Jean-Paul Bonnefoy, La Lavande, Éd. Barthélemy, 1997.
Jean Bouvier, Célébration de la lavande, Éd. Robert Morel, 1966.
Élisabeth Cossalter, Lavandes, brins de Provence, Éd. Didier Richard, 1993.
Olivier Etcheverria, La Lavande, Dix façons de la préparer, Éd. de l'Épure, 2002.
Tessa Evelegh, Lavender, Practical inspirations for natural gifts, country craft, Éd. Lorenz Book, 1996.
Gilbert Fabiani, Mémoires de la lavande, Éd. Équinoxe, 1999.
Genus lavandula, Éd. Royal Botanic Garden of Kiew, 2004.
Jean Giono, „Der Lavendel ist die Seele der Haute-Provence", aus Provence, Matthes & Seitz Verlag 2003.
(Der Text erschien erstmals im Februar 1958 in der französischen Zeitschrift *La France et ses parfums*.)
Christiane Meunier, Lavande et lavandins, Éd. Édisud, 1985.
Charles Mourre, La Lavande française, sa culture, son industrie, son analyse, Éd. Gauthier-Villars, 1923.
Lucienne Roubin, Le Monde des odeurs, Éd. Meridiens Klincksieck, 1989.
Hans Silvester, Provence, Terre de lavandes, Éd. La Martinière, 1995.
Docteur Valnet, Aromathérapie, traitement des maladies par les essences de plantes, Éd. Librairie Maloine, 1964.

Danksagung

Mein Dank gilt Rodolphe Baltz, Hersteller bei Sanoflore und Aromatherapeut; Marguerite Blanc, für ihre stete Freundlichkeit und ihre schönen Buketts; Sabrina da Conceicao, die mir die Bergdörfer der Alpes-de-Haute-Provence und die Gipfel des Lure-Gebirges gezeigt hat; Roselyne Dubois, Sammlerin von wildem Lavendel und Brennerin; Bernard Ducros, dafür, dass er mich zum Pflücken des wilden Lavendels mitnahm und mir einen der kleinsten noch funktionierenden Alambics zeigte; Olivier Filippi, der mir die Vielfalt der von Gärtnern weltweit geschaffenen Lavendelarten nahe brachte; Élisabeth Hauwuy, die die Routes de la lavande ausgearbeitet hat, und ihrem Team, dafür, dass sie uns Zugang zu ihren Archiven und ihren wertvollen Adressen ermöglicht hat; Yvonne Knowles, von der Domaine Saint-Quentin, die mich auf das Zitat aus Tausendundeiner Nacht aufmerksam machte, das dieses Buch einleitet; Bernard Laget, der uns seine Sammlung alter Postkarten zum Thema Lavendel zur Verfügung stellte; Sébastien Mesnières, für den gemeinsamen Spaziergang auf den Spuren der Lavendelsorte *super-bleue* von Mévouillon; Danielle Musset, Konservatorin des Musée de Salagon à Mane, die für uns ihre Archive öffnete; Brigitte Naviner, die den vollständigen Text von Giono „Der Lavendel ist die Seele der Haute-Provence" in einer alten Parfumzeitschrift entdeckte und unsere Überlegungen zur Entdeckung des Lavendels unterstützte; Jeanne-Marie Pascal, für einen Nachmittag zum Thema Lavendel in der Kräuterheilkunde; Nicole Sabardel, Pharmazeutin und Heilkräuterspezialistin; Philippe Soguel, für seine pädagogischen Fähigkeiten bei der Erklärung der Destillation; Lucien Vakanas, Antiquar in Sault.
Mein Dank geht auch an Bénédicte Appels, Claude Broquin, Yves Gattechaud, André Sube, Claudine Vigier, die ihre Lavendelrezepte verraten haben.

Bildnachweis

Alle Fotografien sind von Sophie Boussahba bis auf:
Archipel-studio: Seite 36–37, 73; Bridgeman: Seite 119 (Bibliothèque nationale de France, Archives Charmet); Corbis: Seite 8–9 (Hulton-Deutsh Collection), 10 a, 11 (Blue Lantern Studio), 22 (Hulton-Deutsh Collection), 68–69 a (Bryn Colton, Assignments Photographers); Getty: Seite 68–69 b (Robert Harding World Imagery); Hoa-qui: Seite 16 (Manfred Gottschalk), 43 (Emmanuel Valentin), 44–45 (G. Martin-Raget); Lamontagne: Seite 63 a, 67 a, 70 b, 71 b, 72, 77, 80–81, 83 b; Mary Evans Picture Library: Seite 62, 129, 131; Mise-au-Point: Seite 65, 74–75, 78–79 (Arnaud Descat), 83 a (F. Strauss); B. et P. Perdereau: Seite 76; Rapho: Seite 46 (Hans Silvester); Roger-Viollet: Seite 120; Scope: Seite 47 (Jacques Guillard).